BEI GRIN MACHT SICH IHR
WISSEN BEZAHLT

- Wir veröffentlichen Ihre Hausarbeit,
  Bachelor- und Masterarbeit

- Ihr eigenes eBook und Buch -
  weltweit in allen wichtigen Shops

- Verdienen Sie an jedem Verkauf

Jetzt bei www.GRIN.com hochladen
und kostenlos publizieren

Bibliografische Information der Deutschen Nationalbibliothek:

Die Deutsche Bibliothek verzeichnet diese Publikation in der Deutschen National-
bibliografie; detaillierte bibliografische Daten sind im Internet über http://dnb.d-
nb.de/ abrufbar.

Impressum:

Copyright © 2014 GRIN Verlag
Druck und Bindung: Books on Demand GmbH, Norderstedt Germany
ISBN: 9783668601215

Dieses Buch bei GRIN:

https://www.grin.com/document/385749

Enrico Giese

Optimierung von Marketingmaßnahmen mit Social Media anhand des Unternehmensbeispiels "Holländische Fußballschule"

GRIN Verlag

GRIN - Your knowledge has value

Der GRIN Verlag publiziert seit 1998 wissenschaftliche Arbeiten von Studenten, Hochschullehrern und anderen Akademikern als eBook und gedrucktes Buch. Die Verlagswebsite www.grin.com ist die ideale Plattform zur Veröffentlichung von Hausarbeiten, Abschlussarbeiten, wissenschaftlichen Aufsätzen, Dissertationen und Fachbüchern.

Besuchen Sie uns im Internet:

http://www.grin.com/

http://www.facebook.com/grincom

http://www.twitter.com/grin_com

Optimierung von Marketingmaßnahmen mit Social Media anhand des Unternehmensbeispiels „Holländische Fußballschule"

Freie wissenschaftliche Arbeit
zur Erlangung des Bachelor of Arts

an der
Fachhochschule für Sport und Management Potsdam
der Europäischen Sportakademie Land Brandenburg gGmbH

im Studiengang Management
mit der Spezialisierung Sportmanagement

Vorgelegt von:
Enrico Giese

6. Studienhalbjahr

Berlin, 28. Juli 2014

Kurzzusammenfassung

Die vorliegende Arbeit befasst sich mit der Optimierung von Marketingmaßnahmen mit Social Media. Hierbei wird die Holländische Fußballschule als Unternehmensbeispiel verwendet, um die praxisorientierten Ausführungen verständlich zu gestalten. Die Arbeit hat das Ziel festzustellen, welche Chancen und Potenziale durch das Social Media Marketing hervorgerufen werden und wie sich das auf die HFS auswirkt. Ein großer Teil der Arbeit beschäftigt sich mit den wichtigsten Fakten zum SMM. Des Weiteren wird innerhalb der Arbeit eine empirische Untersuchung zum SMM unter den Kunden der HFS durchgeführt. Dabei kommt u.a. eine sehr hohe Internetnutzung zum Vorschein, sowie die Social Media Plattformen, die für den Informationsabruf bevorzugt genutzt werden. Demgegenüber sind auch negative Ergebnisse bzgl. der Nutzung von SM zu verzeichnen. Der Gesamteindruck ist jedoch im Großen und Ganzen leicht positiv, da SM als zukunftsträchtiges Internetmedium enormes Potenzial besitzt. Im Hinblick auf den Einsatz von Marketingmaßnahmen ist festzuhalten, dass die bestehenden und erfolgreichen Online-Marketingmaßnahmen weiter genutzt und mit sozialen Medien kombiniert werden sollten.

Abstract

The instant paper contains an improvement from marketing actions with social media. In this connection the Dutch soccer school used as an example for a company to represent the practice oriented information's more understandable. The target of the paper is to determine the chances and potentials of the marketing with social media and how that bear on the Dutch soccer school. A big part of the paper is the important facts of the marketing with social media. The empirical study with customers from the Dutch soccer school is also a part of the paper. These include a sky-high utilization with the internet and social media platforms, what is preferential used for demand of information's. On the other hand are in the paper also negative results relating to utilization of social media. However the overall impression is lightly positive, because social media has a huge potential as a seminal medium of the internet. In view of the input from marketing actions it's determine that the using of the existing online marketing actions is combining with the marketing actions of social media.

Inhaltsverzeichnis

Abbildungsverzeichnis

Tabellenverzeichnis

Abkürzungsverzeichnis

AGOF	Arbeitsgemeinschaft Online Forschung
bzgl.	bezüglich
ca.	circa
evtl.	eventuell
Geschl.	Geschlecht
ggf.	gegebenenfalls
HFS	Holländische Fußballschule
J.	Jahren
Mio.	Millionen
PR	Public Relations (Öffentlichkeitsarbeit)
ROI	Return on Investment
RSS	Really Simple Syndication
SM	Social Media
SMM	Social Media Marketing
SMP	Social Media Plattformen
sog.	sogenannten
TNS	Taylor Nelson Sofres
z.T.	zum Teil

1 Einleitung

Im Verlauf dieser Arbeit findet eine Optimierung der Marketingmaßnahmen anhand von Social Media statt. Dabei wird besonders auf die „Holländische Fußballschule" als Unternehmensbeispiel eingegangen.

1.1 Problemstellung und Relevanz des Themas

Ein Leben der Menschen ohne die Nutzung des Internets ist mittlerweile nicht mehr vorstellbar. Dabei sind im Laufe der letzten Jahre zahlreiche Anwendungen entwickelt worden, die unterschiedliche Arten und Weisen anbieten, um zu kommunizieren und sich zu informieren. Die Vielfalt der entstandenen Möglichkeiten innerhalb des Internets hat eine Überhäufung von Inhalten hervorgerufen, was zu einem ernsten Problem geworden ist. Die Internetnutzer wissen vor lauter Angeboten gar nicht, was sie sich zu erst anschauen sollen. Zusätzlich fällt es schwer, das idealste Angebot herauszufiltern. Somit wird der Aufruf nach individuellen Angeboten, anstelle von Massenprodukten zunehmend stärker. Des Weiteren ist die Zeit vorbei, wo ausschließlich Internetexperten für Inhalte im Internet gesorgt haben. Heutzutage ist jeder Nutzer in der Lage eigene Beiträge zu posten. Aus diesem Grund wird erkenntlich, dass sich das rein statische Web zu einem regelrechten „Mitmachweb" entwickelt hat, wodurch auch für die Unternehmen neue Marketingmöglichkeiten entstanden sind. Dies bedeutet, dass das Internet vom Web 1.0 zum Web 2.0 herangewachsen ist. Das Phänomen „Web 2.0", hat das Kauf- und Informationsverhalten von Konsumenten nachhaltig verändert. Gleichzeitig haben sich damit auch die Strukturen und Strategien der Unternehmen weiterentwickelt. Demnach ist aus diesem Komplex, wie aus dem Nichts, der Bereich der sozialen Medien entstanden. Dieses durchaus interessante Gebiet stellt eine neue Form der Weiterentwicklung des Internets dar.

Aufgrund der eigenen Tätigkeit, u.a. in der Marketingabteilung der Holländischen Fußballschule und den daraus entstandenen positiven Ansichten zum Social Media Marketing, wird sich im weiteren Verlauf dieser Arbeit besonders auf dieses Unternehmensbeispiel bezogen. Dazu kommt, dass die HFS bislang kaum Marktforschung zur Social Media Nutzung betrieben hat und dies als integratives Marketinginstrument bisher abgelehnt hatte. Im Folgenden stellt sich nun die Frage, ob und womit das Konsumentenverhalten der Kunden der HFS durch die Optimierung von Marketingmaßnahmen, die auf Social Media ausgerichtet sind, abgedeckt werden können.

1.2 Zielsetzung der Arbeit

Ziel dieser Arbeit ist zu untersuchen, welche Möglichkeiten und Potenziale das Social Media Marketing mit sich bringt und wie sich die Anwendung in Bezug auf das Unternehmensbeispiel entwickelt. Es sollten sich damit Chancen auftun, die für eine Erhöhung des Umsatzes bzw. Gewinns der HFS sorgen. Gleichzeitig werden auch Risiken dargestellt und zudem die Notwendigkeit überprüft, ob es sich lohnt, die neuen Instrumente der sozialen Medien einzusetzen. Ein weiteres Ziel dieser Arbeit ist,

Empfehlungen für die Umsetzung und Anwendung der marketingrelevanten Instrumente zu geben.

1.3 Aufbau der Arbeit

In Kapitel zwei steht der Wandel des Internets im Mittelpunkt. Dabei wird vor allem auf die Entwicklung des Web 2.0 eingegangen. Doch zuvor werden erstmal die aktuellen Entwicklungen bzgl. Nutzung von Web 2.0 Anwendungen und allgemeine Internetnutzung in Deutschland aufgezeigt.

Das dritte Kapitel beschreibt den Ist-Zustand der aktuellen Marketingmaßnahmen der HFS. Hierbei werden auf Offline- und Online-Marketingmaßnahmen gleichermaßen eingegangen. Um diese jedoch ermitteln zu können, werden vorab Analyseinstrumente erläutert, die die strategische Ausrichtung des Unternehmens darstellen.

In Kapitel vier wird das Social Media Marketing vorgestellt. Dies beinhaltet die Darstellung der Definition und der Ziele des SMM. Zudem findet die Vorstellung der Entwicklung und des Potenzials von Social Media in diesem Kapitel Anwendung. Anschließend werden die einzelnen Social Media Plattformen aufgezeigt, die im Rahmen des SMM überwiegend benutzt werden. Den Abschluss dieses Kapitels bildet die Darlegung der zahlreichen Social Media Strategien.

Das fünfte Kapitel stellt die empirische Untersuchung dar. Vom Aufbau der Untersuchung, über die Durchführung der Analyse, bis hin zur Darstellung der Ergebnisse, wird alles ausführlich behandelt. Nachfolgend wird erläutert, welche Auswirkungen die festgestellten Ergebnisse auf die HFS bewirken. Abgeschlossen wird das Kapitel von einem Fazit über die empirische Untersuchung.

In Kapitel sechs erfolgt abschließend eine Zusammenfassung der gewonnenen Erkenntnisse.

2 Das Internet im Wandel: Web 2.0

Das Internet hat in den letzten Jahren einen offensichtlichen Wandel durchlaufen, der durch die Begriffsbezeichnung „Web 2.0" widergespiegelt wird. Dabei handelt es ich um einen fließenden Prozess, obwohl der Begriff „Web 2.0" eine neue Version des Internets propagiert.[1] „Die Idee, ein „2.0" anzuhängen, stammt aus dem Bereich der Anwendungssoftware, wo Versionen entsprechend nummeriert werden, und soll darauf hinweisen, dass mit der Zunahme an interaktiven und kollaborativen Elementen eine neue Generation Internet entstanden ist."[2] Hierbei war die Ausschöpfung und Weiterentwicklung bereits vorhandener Technologien relevanter, als die komplette Entwicklung und Einführung von etwas vollständig Neuartigem.[3]

---

[1] Vgl. Behrendt & Zeppenfeld, 2008, S.2
[2] Bartel, 2010, S.279
[3] Vgl. Behrendt & Zeppenfeld, 2008, S.2

Demnach muss es also vor dem Web 2.0 ein Web 1.0 gegeben haben, wodurch die große qualitative Veränderung deutlich wurde.[4] Anders gesagt hat das Web 1.0 Computer miteinander verbunden, während das Web 2.0 Menschen verbindet.[5] Dieses stellt die Kernaussage dar, um die Verbindung zwischen Web 2.0 und Social Media zu verstehen, welches vor allem im vierten Kapitel eine wichtige Rolle spielt.

In den folgenden Unterkapiteln gilt es nun, zum einen die Entwicklung der Internetnutzung aufzuzeigen und zum anderen das Web 2.0 genauer zu betrachten, um dabei auch kurz auf die Geschichte des Internets zurückzublicken.

2.1 Entwicklung der Internetnutzung in Deutschland

Das Wachstum der Internetnutzung in Deutschland ist ungebrochen. Immer mehr Menschen sind für einen immer längeren Zeitraum im Internet aktiv.[6] Die Zahl der Internetnutzer in Deutschland im Jahr 2013 (77,2%) ist zwar im Vergleich zum Vorjahr (75,9%) nur sehr geringfügig angestiegen, jedoch befindet sie sich weiterhin auf einem Rekordhöhepunkt mit steigender Tendenz. Inzwischen sind insgesamt 54,2 Millionen Menschen in Deutschland online.[7]

Tabelle 1: Internetnutzer in Deutschland 1997 bis 2013 in % (Quelle: ARD-Onlinestudie, 1997, ARD/ZDF-Onlinestudien, 1998-2013)

	1997	2000	2003	2006	2009	2010	2011	2012	2013
Gesamt	6,5	28,6	53,5	59,5	67,1	69,4	73,3	75,9	77,2
Männer	10,0	36,6	62,6	67,3	74,5	75,5	78,3	81,5	83,5
Frauen	3,3	21,3	45,2	52,4	60,1	63,5	68,5	70,5	71,1
14-19 J.	6,3	48,5	92,1	97,3	97,5	100,0	100,0	100,0	100,0
20-29 J.	13,0	54,6	81,9	87,3	95,2	98,4	98,2	98,6	97,5
30-39 J.	12,4	41,1	73,1	80,6	89,4	89,9	94,4	97,6	95,5
40-49 J.	7,7	32,2	67,4	72,0	80,2	81,9	90,7	89,4	88,9
50-59 J.	3,0	22,1	48,8	60,0	67,4	68,9	69,1	76,8	82,7
ab 60 J.	0,2	4,4	13,3	20,3	27,1	28,2	34,5	39,2	42,9

Der stärkste Zuwachs geht von den ab 60-jährigen aus, bei denen mittlerweile 42,9% im Internet aktiv sind. Auch die tägliche Nutzungsdauer des Internets hat stark zugenommen. Aktuell sind die deutschen User im Durchschnitt 169 Minuten online. Somit entspricht dies einer Steigerung gegenüber 2012 um 36 Minuten. Eine solche Entwicklung ist auf den technologischen Wandel der mobilen Endgeräte zurückzuführen.

---

[4] Vgl. Pospischill, 2010, S.14
[5] Vgl. Behrendt & Zeppenfeld, 2008, S.16
[6] Vgl. Schwarz, 2012, S.10
[7] Vgl. van Eimeren & Frees, 2013, S.1

Aus diesem Grund stieg auch die Unterwegsnutzung von 23% (2012) auf 41% (2013) an.

Die ansteigende Internetnutzung in Deutschland erfährt trotzdem nicht die höchste Zuwendung im Medienzeitbudget. Das Fernsehen und der Hörfunk liegen in punkto Mediennutzung vor dem Internet. Dies kommt daher, weil zum größten Teil das Internet für kommunikative Zwecke genutzt wird. Bei der jüngeren Generation (14- bis 29-jährigen) wird das deutlich, da diese dem Web 2.0 mit 218 Minuten Nutzungsdauer täglich, die mit Abstand meiste Aufmerksamkeit widmen.[8]

Nachfolgend wird eine Übersicht dargestellt, die die Nutzung von Web 2.0 Anwendungen nach Geschlecht und Alter aufzeigt:

Tabelle 2: Nutzung von Web 2.0 Anwendungen nach Geschlecht und Alter 2013 in % (Quelle: ARD/ZDF-Onlinestudie, 2013)

	Ge-samt	Ge-schlecht		Alter						
		Fra uen	Män ner	14-19 J.	20-29 J.	30-39 J.	40-49 J.	50-59 J.	60-69 J.	ab 70 J.
Wikipedia	74	73	75	95	93	81	77	61	47	32
Videoportale (z. B. YouTube)	60	56	64	91	87	71	62	43	25	13
private Netzwerke u. Communitys	46	46	46	87	80	55	38	21	16	6
Fotosammlungen	27	22	30	28	38	37	26	16	17	13
berufliche Netzwerke u. Communitys	10	8	12	5	14	19	13	4	2	0
Weblogs	16	16	16	18	31	19	17	7	3	5
Twitter	7	6	8	22	10	7	5	3	4	0

Die genannten Werte wurden durch eine Onlinestudie des ARD/ZDF festgestellt. Dabei lag das Hauptaugenmerk auf sozialen Netzwerken. Demzufolge gibt es einen Unterschied zwischen privaten Gemeinschaften, sog. Communitys, wo der Fokus auf der privaten Kommunikation liegt und beruflichen Communitys. Des Weiteren wurde der Microblog „Twitter" genauer untersucht. Dabei ist überraschenderweise festzuhalten, dass die Nutzung von Twitter stark zugenommen hat, obwohl die eben genannten Werte einen Anschein vom Gegenteil vermitteln. Mit nun 3,89 Mio. Nutzern ab 14 Jahren, weist er jedoch deutlich weniger User als Facebook auf, aber dennoch mehr

---

[8] Vgl. van Eimeren & Frees, 2013, S.1

als jede weitere Community. Im Vergleich zum Jahr 2012 ist dies ein Zuwachs von 87%.

Insgesamt nutzten 24,73 Mio. Personen ab 14 Jahren im Jahr 2013 private Netzwerke. Davon haben 89% ein eigenes Profil bei Facebook. Dies zeigt den enormen Stellenwert, den soziale Netzwerke, allen voran Facebook, im Rahmen der Internetnutzung in Deutschland erlangt haben. Vor allem Teenager nutzen solche Communitys (83%). Aber auch fast 50% der Altersgruppe zwischen 30 und 49 Jahren und immerhin 16% der ab 50-jährigen gehören zu den Usern privater Communitys. Die Hauptgründe der Nutzung liegen in der privaten Unterhaltung mit Freunden und Bekannten, sowie im Anschauen von Foto- und Videomaterialien.[9]

Alles in allem ist die Social Media Nutzung in Deutschland so hoch wie nie. Dies macht auch die folgende Abbildung deutlich, in dem sie einen Rückblick zum Jahr 2009 darstellt, um die damals genutzten Social-Media-Tools und –Services aufzuzeigen.

Abbildung 1: Social Web Involvement deutscher User (Quelle: Global Web Index, 2009)

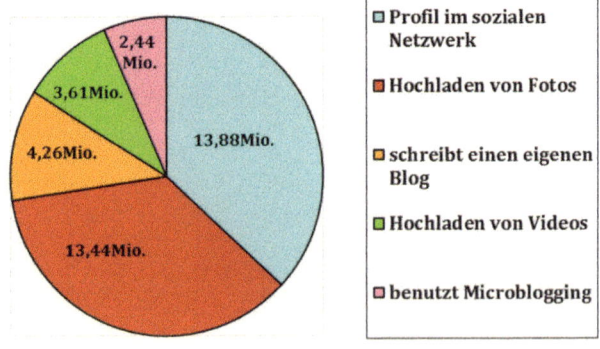

Im Jahr 2009 waren in Deutschland knapp ein Drittel aller Nutzer in sozialen Netzwerken angemeldet. Auch das Hochladen von Bildern im Social Web erfolgte von fast einem Drittel der User. Das Schlusslicht bildeten Blogger (10%), Videoproduzenten (8,5%) und Microblogger (wie Twitter: 5,7%). Aus diesem Vergleich wird deutlich, dass die Social Media Nutzung immer weiter zunimmt und dementsprechend auch die Internetnutzung stetig wächst.[10] So ist es keine Überraschung, dass im darauffolgenden Jahr wieder ein Wachstum der User in sozialen Netzwerken verzeichnet werden konnte.

---

[9] Vgl. Busemann, 2013, S.3f.
[10] Vgl. Bannour & Grabs, 2011, S.41

Abbildung 2: Vier von zehn Deutschen präsentieren sich online (Quelle: BIT-KOM/forsa, 2010)

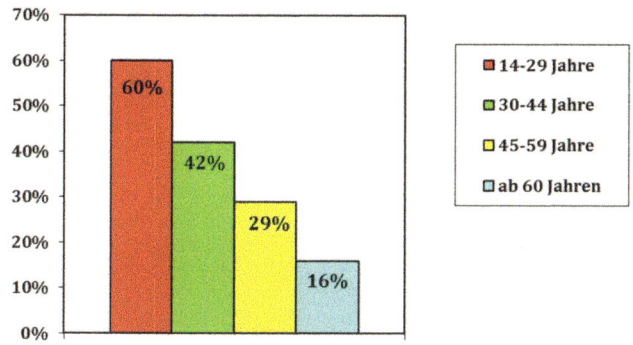

Anteil der Deutschen, die persönliche Informationen (z. B.
Profile, Bilder, Gedanken)
im Internet veröffentlicht haben

Mit 60% stellen die 14 bis 29-jährigen den höchsten Anteil an Nutzern von sozialen Netzwerken, welche persönliche Informationen (wie z. B. Profile und Bilder) im Internet veröffentlicht haben. Dahinter folgen die 30 bis 44-jährigen mit 42%. Insgesamt 40% der Gesamtbevölkerung in Deutschland betreiben eine solche aktive Internetpräsenz.[11]

Es gibt keinen Zweifel, dass die Einführung von sozialen Netzwerken nochmal zu einem enormen Wachstum der Internetnutzung in Deutschland geführt hat. Nichtsdestotrotz sind für die hohe Anzahl an Internetnutzern auch noch weitere Faktoren mitverantwortlich. Mittlerweile ist die Nutzung des Internets zu Einkaufszwecken selbstverständlich geworden. Laut einer AGOF-Studie aus dem Jahr 2010 haben sich 97,4% aller deutschen Internetuser online über ein Produkt informiert. Demzufolge haben 42,7 Mio. der deutschen Bevölkerung im Jahr 2010 Waren über das Internet gekauft. Dabei sind die Online-Recherche und der Online-Kauf eng miteinander verknüpft.[12] „Die Meinungen und Bewertungen anderer Käufer sind ausschlaggebend für den Kauf oder Nichtkauf eines Produkts."[13] Somit wird auch hier wieder der Bogen zur Nutzung von Social Media gespannt. Auch Internetnutzer, die nicht aktiv soziale Medien nutzen, werden beim Online-Shopping von den Rezensionen anderer User beeinflusst und deshalb passiv in den Prozess miteingebunden. Des Weiteren verdeutlicht die Zukunftsprognose, dass immer mehr Konsumenten beginnen ihren Wareneinkauf online zu organisieren und sich dazu sogar in sozialen Netzwerken über Neuigkeiten informieren.[14] Folglich wird somit der Weckruf für alle

---

[11] Vgl. Hilker, 2010, S.19f.
[12] Vgl. Bannour & Grabs, 2011, S.40
[13] Bannour & Grabs, 2011, S.40
[14] Vgl. Bannour & Grabs, 2011, S.40f.

Unternehmen dargestellt, ein aktives Social Media Marketing zu betreiben. Auf diesen Punkt wird später im vierten Kapitel gründlicher eingegangen.

Im Rahmen der AGOF-Internetstudie hat sich zudem ergeben, dass für 40,3% der deutschen Bevölkerung das Internet eine unverzichtbare Quelle darstellt. Verdeutlicht wird dies durch die Tatsache, dass das Internet die klassischen Medien, auch in Bezug auf die Informationssuche, längst überholt hat.[15]

Zusammenfassend ist zu sagen, dass die Internetnutzung in Deutschland in den nächsten Jahren weiter ansteigen wird. Dies wird auch durch die stetige technologische Entwicklung hervorgerufen, die es alltäglichen Geräten ermöglichen das Internet zu nutzen, um sich miteinander zu vernetzen und Informationen auszutauschen.[16]

Im Folgenden wird die Entwicklung des Web 2.0 dargestellt. Dies beinhaltet vor allem die Entstehung des neuen Social Web und den Bezug zum Web 1.0.

2.2 Entwicklung des Web 2.0

Der Begriff „Web 2.0" wurde das erste Mal im Jahr 2003 zur Benennung einer neuen Konferenz vom US-amerikanischen Verleger Tim O´Reilly verwendet. Maßgeblich geprägt wurde er jedoch erst zwei Jahre später, im Rahmen eines veröffentlichten Artikels von O´Reilly.[17] Dadurch konnte festgestellt werden, dass sich das Internet in einem wandelnden Prozess befindet.[18] Es entwickelte sich immer mehr weg von einem „Einweg-Kommunikationsmedium (Web 1.0) hin zu einer interaktiven Kommunikationsplattform."[19] Folglich war die Möglichkeit für alle User gegeben, im Web selbst Inhalte zu erstellen und diese den anderen Internetnutzern über die verschiedensten Kanäle mitzuteilen. Das „Mitmach-Web" („user-generated-content")[20] war erschaffen.[21]

Das Web 1.0 bestand jedoch keineswegs nur ausschließlich aus Einweg-Kommunikation und statischen Internetseiten. Chats und Foren gehörten zur damaligen Zeit zu den allerersten Kanälen, die das Internet auszeichneten. Doch von Social Media oder Web 2.0 sprach damals allerdings noch niemand.[22] „Das Web 1.0 ist der Kern der Infrastruktur. Soll heißen, dass Web 1.0 wurde nicht vom Web 2.0 verdrängt, sondern lediglich um eine weitere Dimension erweitert: Zusammenarbeit."[23] Die Tatsache, dass im Web 2.0 jeder Nutzer eigene Inhalte erstellen kann, führte zu einem gesellschaftlichen Aufschwung des Internets.[24] Allerdings hat dies nur bedingt technische Gründe. Es ist vor allem die deutlich veränderte Wahrnehmung und die

---

[15] Vgl. Bannour & Grabs, 2011, S.40
[16] Vgl. Hebig, 2008, S.1
[17] Vgl. Behrendt & Zeppenfeld, 2008, S.1-5
[18] Vgl. Beilharz, 2012, S.10
[19] Beilharz, 2012, S.10
[20] Pospischill, 2010, S.15
[21] Vgl. Bannour & Grabs, 2011, S.21
[22] Vgl. Beilharz, 2012, S.10
[23] Kreye, 2011, S.26
[24] Vgl. Kreye, 2011, S.26

Änderung der Nutzungsgewohnheiten, seitens der User, ausschlaggebend. Heutzutage sind die Nutzer nicht mehr bereit nur passiv zu rezipieren, sondern wollen aktiv ihre virtuelle Umgebung nach ihren eigenen Ansichten gestalten. Diese Verbundenheit zwischen dem Internet und deren Nutzern sorgt dafür, dass die zahlreichen Web 2.0 Angebote als neue Kommunikationsmöglichkeiten genutzt werden.[25] Zu den typischen Web 2.0 Anwendungen zählen u.a. Blogs, Microblogs, Social Bookmarking und Soziale Netzwerke, auf welche im vierten Kapitel noch ausführlich eingegangen wird. Obwohl zahlreiche Web 2.0 Anwendungen zu den am häufigsten besuchten Webseiten weltweit zählen, baut dieses dennoch auf der Grundstruktur des Web 1.0 auf. Ohne die Entstehung dieses Web 1.0 wäre eine Entfaltung des Web 2.0 undenkbar gewesen.

Des Weiteren sorgt die zunehmende Vernetzung von unterschiedlichen Medien im Internet für eine weitere wichtige Entwicklung.[26] Demzufolge „wird der Zugang zum Internet zunehmend unabhängig vom Endgerät. Egal ob mit Computer, Fernseher oder Handy – der Internetzugang ist fast immer und fast überall möglich."[27]

Das Web 2.0 stellt damit die Basis für die Entstehung von Social Media dar. Im weiteren Verlauf der Arbeit, werden die vielfältigen Social Media Angebote eingehend behandelt und erläutert. Doch zuvor stehen die momentan vorhandenen Marketingmaßnahmen der Holländischen Fußballschule im Vordergrund, um somit eine Übersicht zu erstellen und diese als Grundlage für das vierte Kapitel zu nutzen.

3 Marketingmaßnahmen der Holländischen Fußballschule

In diesem Kapitel werden die bisher angewandten Marketingmaßnahmen der HFS vorgestellt. Dieses dient zur Dokumentation der Unternehmensressourcen. Dabei helfen Analyseinstrumente, wie die 5-Kräfte-Branchenstrukturanalyse und die SWOT-Analyse, wodurch die bestehenden Gefahren, aber auch das Potenzial, sowie die Stärken, Schwächen, Chancen und Risiken der HFS aufgezeigt werden. Dementsprechend soll auch deutlich werden, ob und inwieweit Handlungsbedarf in punkto Social Media Marketing besteht. Den Abschluss dieses Kapitels bildet die Ist-Analyse der Marketingmaßnahmen.

3.1 Analyseinstrumente

In diesem Abschnitt stehen die eben beschriebenen Analyseinstrumente im Vordergrund. Dabei werden zunächst die 5-Kräfte-Branchenstrukturanalyse und anschließend die SWOT-Analyse der HFS aufgestellt.

---

[25] Vgl. Pospischill, 2010, S.15
[26] Vgl. Pospischill, 2010, S.16
[27] Pospischill, 2010, S.16

3.1.1 5-Kräfte-Branchenstrukturanalyse

Die 5-Kräfte-Branchenstrukturanalyse gibt Aufschluss über die strategische Ausrichtung des Unternehmens. Neben der strategischen Positionierung ist auch die Art des Wettbewerbs von hoher Relevanz.[28] Wie die Analyse der HFS aussieht, wird durch die Abbildung (A.1) im Anhang erkenntlich.

Eine Branche ist attraktiv, wenn aus der 5-Kräfte-Branchenstrukturanalyse hervorgeht, dass Wettbewerbsvorteile gegenüber der Konkurrenz möglich sind und zudem hohe Eintrittsbarrieren vorliegen. Des Weiteren sollten die Lieferer und Abnehmer nur über eine mäßige Verhandlungsmacht gegenüber dem Unternehmen verfügen. Im Optimalfall sind nur wenige Ersatzprodukte oder -dienstleistungen innerhalb der Branche vorhanden.[29] All diese Punkte treffen auf die HFS zu, mit Ausnahme der Eintrittsbarrieren. In diesem Fall besteht eine geringe Eintrittsbarriere, sodass die Gefahr besteht, dass sich schnell weitere Fußballschulen bilden können. Davon ist auch in Zukunft auszugehen, da ein momentanes Branchenwachstum verzeichnet werden kann. Infolgedessen sollte sich die HFS durch verschiedene Maßnahmen, wie z. B. durch eine verstärkte Social Media Aktivität, auf die Kundenbindung und Kundenneugewinnung konzentrieren und dadurch von der Konkurrenz abheben. Des Weiteren besitzt die HFS den strategischen Vorteil der Differenzierung. Dieses entsteht aus der Einzigartigkeit der Produkte und Dienstleistungen für den Käufer und der Qualitätsvorteile gegenüber der Konkurrenz.

Im folgenden Abschnitt wird nun die SWOT-Analyse dargestellt.

3.1.2 SWOT-Analyse

Die SWOT-Analyse ist ein Konzept, welches aus der betriebswirtschaftlichen strategischen Planung stammt und dem Unternehmen hilft, die eigenen Stärken und Schwächen, sowie Chancen und Risiken des Umfelds einzuschätzen.[30] Die SWOT-Analyse der HFS wird durch die Abbildung (A.2) im Anhang erkennbar.

Die Stärken gilt es sinnvoll einzusetzen und den Angeboten anzupassen. Ein Ziel in naher Zukunft sollte sein, die Schwächen soweit wie möglich abzubauen. Dabei sollte der Fokus vor allem auf die Beseitigung der einseitigen Marketingmaßnahmen liegen. Bislang sind diese Maßnahmen überschaubar und drohen bei den Kunden als „langweilig" abgestempelt zu werden. Darauf wird jedoch noch genauer im nachfolgenden Unterkapitel eingegangen.

Des Weiteren existiert eine hohe Anzahl an Chancen, die es wenn möglich umzusetzen gilt. Dabei sind auch hier mehrere Punkte aufgeführt, die auf eine aktive Social Media Präsenz hinauslaufen. Im besten Fall kann die Umsetzung von einigen Chancen, die Schwäche der einseitigen Marketingmaßnahmen beseitigen. Dennoch dürfen die Risiken nicht außer Acht gelassen werden, da hier ein spätes Einschreiten schwerwiegende Folgen haben könnte.

---

[28] Vgl. Müller, 2010, S.107
[29] Vgl. Müller, 2010, S.107f.
[30] Vgl. Beilharz, 2012, S.61

Alles in allem geben die 5-Kräfte-Branchenstrukturanalyse und die SWOT-Analyse Denkanstöße für Verbesserungen innerhalb des Unternehmens. Im nachfolgenden Unterkapitel wird der Ist-Zustand der Marketingmaßnahmen der HFS dargestellt. Hierbei stehen neben den Offline-Marketingmaßnahmen besonders die Online-Marketingmaßnahmen im Mittelpunkt.

3.2 Ist-Zustand der Marketingmaßnahmen

Die Marketingmaßnahmen der HFS sind gut konzipiert, aber dennoch ausbaufähig. So stellen diese in fast allen Marketingaktivitäten eine grundlegende Basis dar, welche noch verbessert werden können. Der Erfolg des Unternehmens ist von den Marketingmaßnahmen sehr stark abhängig. Im Folgenden wird zwischen den Offline-Marketingmaßnahmen und den Online-Marketingmaßnahmen unterschieden. Dabei bezieht sich das Offline-Marketing auf alle Maßnahmen außerhalb des Internets.

Die angewendeten Offline-Marketingmaßnahmen der HFS dienen mehreren Zwecken. So soll die Ausgabe eines Flyers für die Neugewinnung von Kunden sorgen. Zudem ist das direkte Gespräch mit dem Kunden für die Kundenzufriedenheit verantwortlich. Hierbei können die Bedürfnisse der Kunden befriedigt werden und außerdem ggf. eine Problemlösung stattfinden. Dieses bindet im besten Fall den Kunden nachhaltig an das Unternehmen, wodurch langfristig Gewinne im Unternehmen generiert werden können. Folglich setzt die HFS auf die klassische Form der Mundpropaganda, mit dem Ziel, dass zufriedene Kunden das Interesse von potenziellen Kunden wecken sollen. Bei dieser Maßnahme ist jedoch der Umfang zu gering, da nur wenige neue Kunden durch die Mundpropaganda gewonnen werden. Traditionelle Werbeformen, wie z. B. Zeitungsartikel kommen auch zum Einsatz, jedoch nicht sehr häufig. Für die Verwendung von TV- oder Radiospots ist das nötige Werbebudget zu gering.

Aufgrund der Tatsache, dass sich das Thema dieser Arbeit in die Rubrik der Online-Marketingmaßnahmen einordnen lässt, sind diese natürlich im weiteren Verlauf von besonderer Bedeutung. Hierauf lässt sich auch der größte Erfolg der Marketingmaßnahmen zurückverfolgen. Das E-Mail-Marketing stellt das wichtigste täglich angewandte Marketingwerkzeug der HFS dar. Folglich findet nicht nur das „One-to-One-Marketing", sondern auch das „Permission-Marketing" statt. „One-to-one-Marketing" beschreibt die direkte Kommunikation mit dem Kunden und „Permission-Marketing" umfasst den Versand von Informationen oder Werbung.[31] Zudem besitzt die HFS eine eigene Website. Diese dient als zentrale Anlaufstelle für alle Interessenten. Demzufolge werden auch hier Marketingmaßnahmen angewendet, wie z. B. die Bereitstellung von zahlreichen Informationen zum Unternehmen, sowie eine eigene Mediathek, in der jederzeit Bilder und Videos abgerufen werden können.

In der jüngsten Zeit wurden auch schon erste Erfahrungen im Bereich des Social Media Marketings gesammelt. So wurde auf dem sozialen Netzwerk „Facebook" eine offizielle Seite für die HFS erstellt. Diese soll im besten Fall auf Produkte oder Dienst-

---

[31] Vgl. Meerman Scott, 2012, S.362

leistungen durch eine hintergründige Art und Weise aufmerksam machen. Das Ziel dabei ist, dass die Nutzer diese Informationen ohne Aufforderung weitertragen (sog. virales Marketing). Dieses wird auch als digitale Mundpropaganda verstanden.[32] Auf die sozialen Netzwerke wird im nächsten Kapitel noch genauer eingegangen.

Fakt ist, dass die HFS ansonsten noch überhaupt keine Maßnahmen ergriffen hat, um in sozialen Medien aktiv Marketing zu betreiben. Dabei besitzen diese ein immenses Potenzial für Unternehmen, um dadurch seinen Marketingerfolg zu steigern. Schlussendlich kommt es jedoch immer auf die Zielgruppe an, ob diese auch aktiv soziale Medien nutzen. Aus diesem Grund wird im weiteren Verlauf dieser Arbeit eine empirische Untersuchung, zu diesem Thema, mit einigen Kunden der HFS durchgeführt und ausgewertet.

Doch zuvor wird im nachfolgenden Kapitel auf die Marketingmöglichkeiten mit Social Media explicit eingegangen.

4 Social Media Marketing

Millionen von Menschen nutzen das Internet für die Einholung von detaillierten Nachforschungen über Produkte und Dienstleistungen. Dabei treffen sie sich an allen möglichen „Online-Orten". Diese Technologien werden als Social Media bezeichnet und haben eines gemeinsam, sie bieten Menschen die Möglichkeit ihre Meinungen online zu äußern.[33]

In diesem Kapitel werden die Ziele, die Entwicklung und das Potenzial von SMM vorgestellt. Des Weiteren stehen die Social Media Plattformen im Mittelpunkt. Dabei findet eine Betrachtung von sozialen Netzwerken, Blogs, Foren, Social Bookmarking und dem RSS-Feed statt. Den Abschluss dieses Kapitels stellen die zahlreichen Social Media Strategien dar, welche eine Eingliederung in das Marketingkonzept eines Unternehmens ermöglichen. Allerdings wird vorher der Begriff des Social Media Marketings definiert.

Das Social Media Marketing steht nicht alleine da, genau wie die gesamte Online-Kommunikation. Es sollte in die Unternehmenskommunikation eingebunden werden, denn Mundpropaganda ist altbekannt und hat unser Kaufverhalten schon immer beeinflusst. Das Social Media Marketing beinhaltet ebenfalls eine Form der Mundpropaganda, nämlich digitale, sog. Online-Mundpropaganda. Demzufolge werden heutzutage die meisten Kaufempfehlungen über einen Beitrag in Facebook oder einem Blog abgegeben.[34]

Es liegt auf der Hand zu vermuten, dass „Social Media kein Trend ist, der bald wieder verschwinden wird."[35] Denn hierzu wurden schon sehr viele Erfolgsgeschichten von Unternehmen bekannt, die das Social Media Marketing in ihre Marketingaktivitäten aufgenommen haben. Dennoch gibt es Unternehmen die anfänglich von ihren

---

[32] Vgl. Schwarz, 2012, S.43
[33] Vgl. Meerman Scott, 2012, S.93
[34] Vgl. Beilharz, 2012, S.84
[35] Hilker, 2010, S. 11

Social Media Aktivitäten enttäuscht sind, weil sie z.T. die neuen Einstellungen, Werte oder Herangehensweisen nicht kennen oder nicht verstehen.[36] Um dies zu ändern, werden in den folgenden Unterkapiteln die Ziele, die Entwicklung und das Potenzial von Social Media, sowie verschiedene Social Media Plattformen vorgestellt.

Den Abschluss dieses Kapitels bilden die Social Media Strategien, die es jedes Unternehmen erleichtern erfolgreich Social Media Marketing zu betreiben. Doch um ein klares Verständnis über das Social Media Marketing zu erhalten, muss der Begriff erstmal definiert werden.

4.1 Definition von Social Media Marketing

Das Social Media Marketing ist ein Teil des Online-Marketings. Dies liegt daran, weil die Maßnahmen vor allem online stattfinden. Je nachdem, welches Ziel ein Unternehmen mit Social Media verfolgt, hat es in den meisten Fällen etwas mit Online-Marketing zu tun.[37] Dementsprechend ist „Social Media Marketing als Teil des Marketingmix zu betrachten. Die Tools können sowohl im Produktionsprozess (Crowdsourcing), als Marktforschungsinstrument (Social Media Monitoring), für den Vertrieb (Social Commerce) als auch in der Markenkommunikation (Empfehlungsmarketing) eingesetzt werden."[38] Trotzdem muss festgehalten werden, dass das SMM nicht nach dem Schema des klassischen Marketings funktioniert, bei der die Markenbotschaft üblicherweise über einen „Top-down-Prozess" auf das Produkt übertragen und somit deren Werte an die Zielgruppe kommuniziert wird. Dementsprechend hat der Verbraucher keinerlei Mitbestimmungsrecht und das Unternehmen geht davon aus, dass die Markenbotschaft einfach akzeptiert und der Kunde das Produkt kaufen wird.[39]

Der Bereich Social Media umfasst Web 2.0 Tools, die ausschließlich der Kommunikation und Kollaboration mit anderen Menschen dienen. Diese wurden in den meisten Fällen hauptsächlich für User entwickelt. Sobald ein Unternehmen das verinnerlicht hat, ist Social Media bereit zu Marketingzwecken genutzt zu werden.[40]

Das Social Media Marketing soll ein Dialog mit den Zielgruppen hervorrufen.[41] Es eignet sich jedoch nicht nur für den Aufbau von Kundenbeziehungen, sondern auch für dessen Pflege. Die Kommunikation ist hier gewissermaßen übergeordnet. Dem Angebot eines Produkts, sollte immer ein Gespräch, eine Empfehlung oder eine Diskussion folgen, damit der Kunde überzeugt wird.[42] „Im Social Web wird kein Produkt ohne ein Gespräch darüber verkauft."[43] Es erfolgt erst der Beziehungsaufbau und anschließend wird das Geschäft abgewickelt. „Der Kunde erhält somit oberstes Mit-

---

[36] Vgl. Hilker, 2010, S.11f.
[37] Vgl. Bannour & Grabs, 2011, S.36
[38] Bannour & Grabs, 2011, S.38
[39] Vgl. Bannour & Grabs, 2011, S.33f.
[40] Vgl. Bannour & Grabs, 2011, S.33
[41] Vgl. Beilharz, 2012, S.208
[42] Vgl. Bannour & Grabs, 2011, S. 38
[43] Bannour & Grabs, 2011, S.33

spracherecht."[44] Prinzipiell werden damit die Kaufanreize über die Kommunikation mit den Kunden geschaffen und gefördert.[45] Häufig beruht dies auf einem Marketingversprechen, welches das Unternehmen zuvor ausgesprochen hat. Ein gutes Social Media Marketing ist davon gekennzeichnet, dass ein Marketingversprechen den Usern gegenüber auch eingehalten wird. Anderenfalls hagelt es Kritik, welche im Social Web transparent wird.[46]

Social Media Marketing muss genau durchdacht sein. Diese Erkenntnis liefert eine genaue Zielgruppenanalyse und ein Redaktionsplan, welche auch Bestandteile einer guten Social Media Strategie sind.[47] Hierauf wird noch im Unterkapitel 4.5 genauer eingegangen. Es können sowohl große als auch kleine Unternehmen davon profitieren. Ein lokales Marketing ist mit Social Media ebenfalls möglich.[48]

Des Weiteren steht fest, dass die Online-Nutzung weiterhin zunehmen wird, wie schon im zweiten Kapitel erwähnt wurde. Es werden mit sehr hoher Wahrscheinlichkeit neue Services und Anwendungen entwickelt werden, die einfach für den Nutzer zu bedienen und zudem nützlich für den Alltag sind. Dies wird zur Folge haben, dass immer mehr User diese Tools als selbstverständlich ansehen und dementsprechend benutzen werden.[49]

Um einen genauen Überblick zu bekommen, welche Ziele das Social Media Marketing charakterisieren, wird dies im folgenden Unterpunkt betrachtet.

4.2 Ziele des Social Media Marketing

Ein Unternehmen was Online-Marketing betreibt, verfolgt in der Regel das Ziel die Bekanntheit zu steigern. Das Social Media Marketing hingegen umfasst eine Reihe weiterer Ziele. So ist es ebenfalls enorm wichtig, neben der Steigerung der Bekanntheit, ein positives Image aufzubauen.[50] Diese Ziele sind eng miteinander verbunden, denn „wer mehr verkaufen will, muss natürlich an seiner Bekanntheit arbeiten und wer seine Online-Ziele gut erreicht, baut automatisch auch ein positives Image auf."[51] Dafür ist es enorm wichtig, als Unternehmen auf möglichst vielen Social Media Portalen durch eigene Beiträge präsent zu sein. Dieses fördert das gute Image im Social Web und schafft Vertrauen zwecks der eigenen Kompetenz.[52]

Ein weiteres Ziel ist die Kundenbindung zu verbessern.[53] Dabei hilft das Social Media insofern, dass erstmal eine intensive Kundenbeziehung aufgebaut, diese dann verstärkt und nach außen hin transparent gemacht wird. Damit besteht ein gewaltiger Wettbewerbsvorteil gegenüber Marken und Unternehmen, die nicht im Social Web

---

[44] Bannour & Grabs, 2011, S.38
[45] Vgl Bannour & Grabs, 2011, S.34
[46] Vgl. Schwarz, 2012, S.196
[47] Vgl. Bannour & Grabs, 2011, S.33
[48] Vgl. Hilker, 2010, S.81
[49] Vgl. Bannour & Grabs, 2011, S.23
[50] Vgl Schwarz, 2012, S.12
[51] Schwarz, 2012, S.13
[52] Vgl. Schwarz, 2012, S.185
[53] Vgl. Schwarz, 2012, S.12

aktiv sind. Mit Social Media ist es zudem, im Vergleich zu den alten Marketingmaß-nahmen, einfacher und kostengünstiger geworden, um mit den bestehenden und neugewonnenen Kunden in Kontakt zu treten und diese über Neuigkeiten des Unter-nehmens zu informieren.[54] Es reicht schon aus, wenn das Unternehmen über Blogs, Foren oder Chatrooms seine Präsenz zeigt, um den Kunden zu verdeutlichen, dass sich um sie gekümmert wird.[55] Über Social Media Plattformen, wie z. B. Facebook oder Twitter, ist dieser Kontakt schnell hergestellt und sind damit als Tools gut ge-eignet.

Das eigene Produkt oder die eigene Dienstleistung bekannter zu machen ist eben-falls ein wichtiges Ziel. Dabei ist eine Empfehlung das beste Marketing. Für ein er-folgreiches Empfehlungsmarketing muss vorausgesetzt sein, dass der Kunde lang-fristig zufrieden gestellt ist, damit dieser die eigenen Produkte oder Dienstleistungen weiterempfiehlt. Demzufolge sollte auf die Bedürfnisse des Kunden eingegangen werden und auch nach dem Verkauf weiterhin ein guter Kontakt zum Kunden beste-hen.[56] Im besten Fall wird damit ein viraler Effekt erzeugt, wodurch die Information über das Produkt oder die Dienstleistung von einem Kontakt zum nächsten weiterge-geben wird. Dadurch empfehlen bestehende Kunden ihren Freunden ein Produkt, eine Dienstleistung, eine Marke oder ein Unternehmen. Die damit verbundene Wahr-scheinlichkeit, dass der eine oder andere Freund des Kunden auch zur Zielgruppe gehört, ist sehr groß.[57] „In Social Media ist der Freundeskreis um ein Vielfaches grö-ßer, die Reichweite der Empfehlungen damit auch."[58] Diese Form der digitalen Mundpropaganda eignet sich ideal, um neue Kunden zu gewinnen, was am Anfang des vierten Kapitels schon kurz erwähnt wurde. Auch hierbei dienen Soziale Netz-werke, wie z. B. Facebook oder Twitter, als ideales Medientool, um eine Weiteremp-fehlung des Kunden zu gewährleisten.[59] Die hierfür notwendige Vorgehensweise, wird zu einem späteren Zeitpunkt in den Unterkapiteln 4.4.1.1 und 4.4.1.2 erläutert.

Um neue Zielgruppen anzusprechen, lassen sich die Sozialen Netzwerke ebenfalls gut verwenden. Diese geben nämlich sehr konkrete Hinweise zum Alter und Ge-schlecht der Zielgruppe, sowie deren Hobbies und Interessen.[60] Durch diese Infor-mationen bilden sich automatisch Nischenzielgruppen, welche mit speziellem Inhalt (Content) zum eigenen Produkt oder zur eigenen Dienstleistung gefüttert werden müssen. Dementsprechend wird durch Social Media die optimale Zielgruppe des Un-ternehmens angesprochen.[61]

Weitere Ziele sind die Produkte oder Dienstleistungen online zu verkaufen, sowie seine eigene Marke zu etablieren.[62] Dies kann auch mithilfe einer Online-Kampagne geschehen. Eine solche Kampagne im Social Web besitzt das Ziel, ebenfalls virale

[54] Vgl. Bannour & Grabs, 2011, S.29f.
[55] Vgl. Meerman Scott, 2012, S.109
[56] Vgl. Hilker, 2010, S.82
[57] Vgl. Bannour & Grabs, 2011, S.30
[58] Bannour & Grabs, 2011, S.30
[59] Vgl. Bannour & Grabs, 2011, S.30
[60] Vgl. Bannour & Grabs, 2011, S.32
[61] Vgl. Meerman Scott, 2012, S.80
[62] Vgl. Schwarz, 2012, S.12

Effekte zu entfalten, um somit die Intention der Kampagne von Nutzer zu Nutzer weiterzuleiten. Dabei kommt ein lustiger oder aufsehenerregender Inhalt immer besser bei den Usern an. Auch eine direkte Einbeziehung der Nutzer in die Kampagne endet oft erfolgreich. Demnach können sich die Nutzer Kampagneninhalte wünschen oder den Lauf einer Kampagne beeinflussen. Jedoch ist es wichtig, dass in die Kampagne leicht zugängliche und gut sichtbare Social-Media-Buttons integriert werden, damit die Nutzer aktiv zum „Teilen" aufgefordert werden.[63]

Abbildung 3: Social Media verlängern Kampagnen-Wirkung (Quelle: Hilker, 2010)

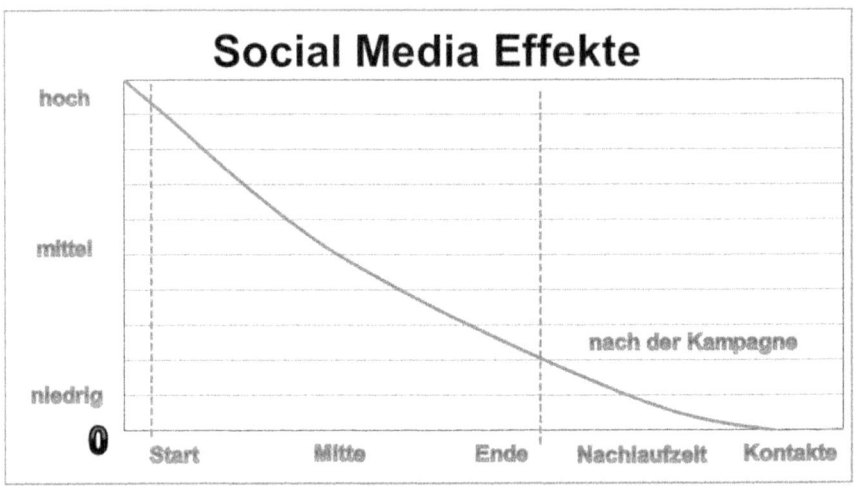

Durch Social Media werden die klassischen Marketing-Kampagnen optimiert. Der Dialog in Foren und Communities, über gerade bestehende Kampagnen, sorgt für eine andauernde Aufmerksamkeit der Nutzer im Nachklang der Kampagne. Dieser Effekt ist kostenfrei, da er komplett vom Kunden ausgeht. Somit maximiert Social Media die Werbewirksamkeit klassischer Kampagnen.[64]

Aufgrund der Tatsache, dass Social Media in den Bereichen der Kommunikation, im Marketing und im Kundenservice immer wichtiger wird, reicht der klassische Online-Presse-Bereich nicht mehr aus. Dementsprechend besteht ein weiteres Ziel des SMM darin, ein Social Media Newsroom zu kreieren. Das heißt, dass Bilder, Grafiken, Video- und Audiomaterialien und Texte online präsentiert werden und dort für Kunden, Presse und Interessenten bereit stehen. Dabei können auch Schnittstellen zu externen Plattformen wie YouTube und Facebook eingebunden sein. Für einen interaktiven Online-Dialog sollten zudem RSS-Feeds, Blogs und Foren zur Verfügung stehen.[65] Der RSS-Feed wird in Unterkapitel 4.4.5 genauer erläutert. Ein News-

---

[63] Vgl. Beilharz, 2012, S.209-211
[64] Vgl. Hilker, 2010, S.97
[65] Vgl. Hilker, 2010, S.113

room zieht nicht nur die Medien, sondern auch die Kunden an. Denn viele, die sich über die aktuelle Situation eines Unternehmens informieren wollen, besuchen zu aller erst einen Online-Medienraum.[66] Außerdem kann dieser die Kunden in den Verkaufsprozess einbinden oder den Absatz des Unternehmens steigern. Damit kann ein Newsroom zu den wirklichen Zielen eines Unternehmens beitragen, nämlich Gewinne zu erzielen und Kunden zu binden.[67] Des Weiteren werden gute Inhalte von der Presse gerne publiziert und verbreiten sich somit im Social Web automatisch.[68]

Am sinnvollsten ist es das Social Media Marketing in die Online-Kommunikation einzubinden. Demzufolge können alle Kanäle, die bis dato nichts mit Social Media zu tun hatten, für die Promotion von Social Media genutzt werden. So besteht z. B. für die eigene Website die Möglichkeit, YouTube-Videos oder den eben genannten Newsroom einzugliedern.[69]

Im nachfolgenden Unterkapitel wird die Entwicklung und das immense Potenzial von Social Media dargestellt.

4.3 Entwicklung und Potenzial von Social Media

Die Entwicklung von Social Media zeigt deutlich, dass die Bereitschaft im Web 2.0 mitzumachen stetig steigt.[70] „Genau davon lebt dieses „Mitmachweb": Je mehr mitmachen, desto interessanter wird es."[71] Die Tatsache, von Medien abhängig zu sein, die teure Werbeplätze anbieten, um Botschaften des Unternehmens in die Öffentlichkeit zu transportieren, ist mit der Entwicklung von Social Media vorbei. Jetzt können die Unternehmen ihre Informationen über das Web direkt an ihre Kunden vermitteln. Somit gehören die unglaublich hohen Kosten für Werbung, um die Aufmerksamkeit von Konsumenten auf das eigene Unternehmen zu lenken, der Vergangenheit an.[72] Eine Nielsen-Studie aus dem Jahr 2009 ergab, dass rund 90% der Befragten die Empfehlungen von Freunden und Bekannten vorziehen.[73]

---

[66] Vgl. Meerman Scott, 2012, S.424
[67] Vgl. Meerman Scott, 2012, S.427
[68] Vgl. Schwarz, 2012, S.184
[69] Vgl. Beilharz, 2012, S.84
[70] Vgl. Schwarz, 2012, S.209
[71] Schwarz, 2012, S.209
[72] Vgl. Meerman Scott, 2012, S.75
[73] Vgl. Bannour & Grabs, 2011, S.24

16

Abbildung 4: Konsumenten vertrauen ihren Freunden (Quelle: Nielsen-Studie, 2009)

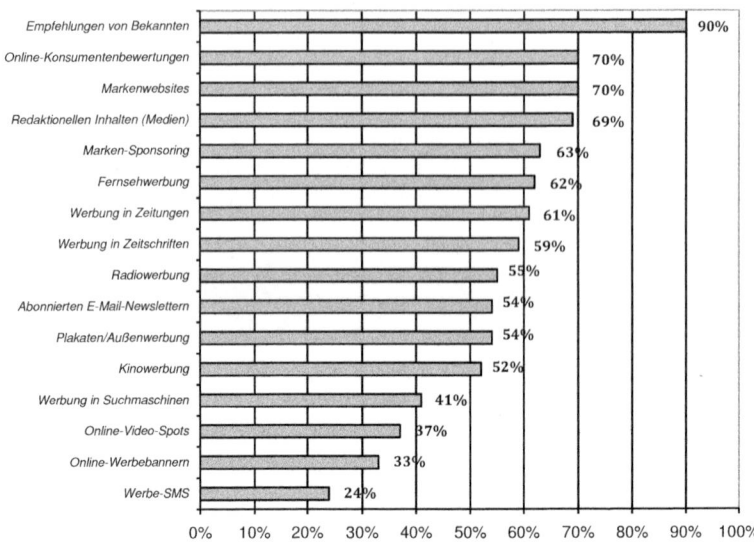

Demgegenüber vertrauen nur 62% auf Fernsehwerbung und 69% auf redaktionelle Inhalte, wodurch das immense Potenzial von Social Media deutlich wird.

Allerdings haben viele Unternehmen, die sehr viel Geld in Offline-Marketing-Maßnahmen (wie z. B. Fernsehwerbung oder Zeitungsanzeigen) investieren, Respekt davor ihre Komfortzone zu verlassen und sich auf Social Media einzulassen. Jedoch informieren sich die meisten Menschen online über Produkte und Dienstleistungen. Die Kunden wünschen sich, dass die Unternehmen ihre Ideen über Portale online verbreiten und zwar genau zu dem Zeitpunkt, an dem sie nach Antworten suchen.[74] Durch dieses Streben nach einer interaktiven Informationssuche, stößt die klassische Kommunikation über TV, Print und Radio an ihre Grenzen.[75] Die Entwicklung des Social Media ermöglicht den Unternehmen eine Befreiung von der Werbung oder PR, die in den Massenmedien eingekauft werden muss. Durch das SM können die Unternehmen jetzt Botschaften im Web veröffentlichen, auf die die Menschen breitwillig ihre Aufmerksamkeit richten.[76]

Ein weiteres Potenzial von Social Media ist diese, in Verbindung mit klassischen Kommunikationswegen, in eine Kampagne zu integrieren. Dabei gibt es bei der Umsetzung viele Möglichkeiten. So könnte ein Plakat genutzt werden, um auf ein Ge-

---

[74] Vgl. Meerman Scott, 2012, S.78
[75] Vgl. Bannour & Grabs, 2011, S. 35
[76] Vgl. Meerman Scott, 2012, S.78

winnspiel im Social Web aufmerksam zu machen oder eine Verknüpfung im nächsten Werbevideo eingefügt werden, die auf die Meinungen anderer Kunden mit einem entsprechenden Link zur Website verweist. Diese Verbindung wird auch als „Crossmedia" bezeichnet. Bei heutigen Crossmedia-Kampagnen werden klassische Kommunikationsmedien und Social Media gleichzeitig eingesetzt. Dadurch wird eine breite Zielgruppenansprache möglich, welche eine optimale Streuung der Werbebotschaft zur Folge hat. Es werden demzufolge ebenfalls Kunden, die nicht sehr internetaffin sind, angesprochen.[77]

Laut einer weiteren Umfrage vertrauen 78% der Empfehlung aus dem persönlichen Netzwerk und nur 14% der Werbung. In dieser Hinsicht besteht ein großes Potenzial von Social Media, da sich über Soziale Medien immer mehr Menschen miteinander verbinden, wodurch auf diesen Plattformen neue und vielfältige Kommunikationen über Produkte, Dienstleitungen, Marken oder Unternehmen entstehen.[78] Des Weiteren werden die Kundenmeinungen mittels Social Media, sowohl für die Community, als auch durch Suchmaschinen im Internet für andere Nutzer transparent gemacht und weitergegeben. Sobald ein User von einer Marke überzeugt ist, teilt er dies auch in seinem Netzwerk mit. Er wird ein „Fan" dieser Marke und postet regelmäßig darüber.[79] Gleiches gilt für jedes Geschäft oder jeden Ort, welcher immer einen bleibenden Eindruck bei den Besuchern hinterlässt. Es werden individuelle Erfahrungen beim Kauf und bei der Nutzung von Produkten oder Dienstleistungen gesammelt. Früher konnten diese Empfehlungen nur von Mund zu Mund weitergegeben werden, heute stellt das Social Web eine moderne, digitale Mundpropaganda dar. Diese kann für Unternehmen sowohl positiv als auch negativ ausfallen. Jedoch brauchen sich Unternehmen bei der Verwendung von Social Media nicht zu verstecken, sofern sie mehrheitlich zufriedene Kunden besitzen. Außerdem bestätigen Studien, dass sich die meisten Menschen eher an positive als an negative Mundpropaganda zurückerinnern. Diese Produktempfehlungen per digitaler Mundpropaganda werden als Empfehlungsmarketing bezeichnet, was in den vorherigen Unterkapiteln schon teilweise angesprochen wurde.[80]

„Viele beschreiben die aktuellen Entwicklungen als Revolution, weil sie Machtverhältnisse, Kommunikationsmuster und Verhaltensweisen massiv verändert haben. Persönliche Netzwerke werden deshalb in Zukunft auch immer wichtiger für das Marketing."[81] In Netzwerken wie Facebook nennen sich Menschen „Freunde", die in der Realität nur Geschäftspartner sind oder sich nur flüchtig kennen. Durch dieses Phänomen, werden über Soziale Medien eine breitere Masse erreicht, als über eine verbale Empfehlung. Dies stellt damit ein großes Potenzial von Social Media dar.[82] Inwiefern die Unternehmensbereiche, bei Nutzung von Social Media verändert werden, wird anhand der Abbildung (A.3) für ein Social-Media-Unternehmen im Anhang erkenntlich.

---

[77] Vgl. Bannour & Grabs, 2011, S.38
[78] Vgl. Hilker, 2010, S.12
[79] Vgl. Bannour & Grabs, 2011, S.46
[80] Vgl. Bannour & Grabs, 2011, S.26
[81] Hilker, 2010, S.12
[82] Vgl. Hilker, 2010, S.12

Der Geschäftsführer gewinnt mehr Aufmerksamkeit durch den Social-Media-Einsatz. Das Marketing verzeichnet einen stärkeren Besuch von Nutzern über die neuen Kanäle. Der Vertrieb kann durch die neuen Plattformen weitere Netzwerke aufbauen. Die PR-Abteilung sorgt daraufhin für eine bessere Verbreitung von Informationen. Die Marktforschung kann damit einen besseren Social-Media-Monitoring durchführen und das Personalwesen präsentiert sich über das Social Media als attraktiven Arbeitgeber und findet leichter neue Mitarbeiter. Es wird deutlich, dass die Nutzung von Social Media einen erheblichen Einfluss auf das Unternehmen hat.[83] Dennoch müssen Mitarbeiter von Unternehmen immer beachten, vor welchem Hintergrund sie im Web 2.0 unterwegs sind. Das Auftreten sollte hilfreich und transparent, den anderen Usern gegenüber, erfolgen. Außerdem wäre ein klarer Hinweis über die Beschäftigung im Unternehmen von enormem Vorteil. Im besten Fall wird dadurch das gute Image des Unternehmens gefestigt.[84]

Social Media wie Blogs, Soziale Netzwerke oder Foren, sind nur Tools, mit deren Hilfe das Bedürfnis der Menschen mit ihren Freunden in Kontakt zu treten, erfüllt wird.[85] „Auch wenn die eine oder andere Plattform oder Technologie in den nächsten Jahren verschwinden wird, wird sich das Informations- und Kommunikationsverhalten der Menschen nicht einfach in Luft auflösen, sondern weiterentwickeln."[86] Dies stellt eines der größten Potenziale von Social Media dar. „Social Media als Hype abzutun wäre fatal."[87] So wird z. B. der Austausch per E-Mail durch die Social-Media-Tools ergänzt werden. Ein Account in Facebook oder Twitter ist mit den heutigen Möglichkeiten schnell erstellt. Auch das Hochladen eines Videos bei YouTube geht heutzutage ganz schnell. Die technische Entwicklung macht es möglich, dass jeder an dem Austausch von Informationen teilhaben kann.[88] Denn heutzutage „findet mehr Marketingkommunikation durch die Kunden selbst statt als durch die Marketingabteilungen der Unternehmen."[89] Des Weiteren befähigt Social Media jeden Nutzer, über die ganze Welt hinweg miteinander zu kommunizieren. Genau diese Möglichkeiten nutzen auch immer mehr Menschen.[90] „Der erfolgreiche Einsatz von Social Media im Unternehmen muss darauf basieren, dass die Menschen erfolgreich damit arbeiten und sich frei fühlen, indem sie kreativ sind und ihre Meinung intern und extern Gehör findet."[91] Somit ist festzuhalten, dass Social Media einen demokratischen Prozess darstellt, wo jeder mitreden, mitmachen und mitgestalten darf.[92]

Im nächsten Unterkapitel werden die einzelnen Social Media Plattformen zunächst genannt und anschließend deren Funktionsweise vorgestellt.

---

[83] Vgl. Hilker, 2010, S.13
[84] Vgl. Schwarz, 2012, S.213
[85] Vgl. Bannour & Grabs, 2011, S.423
[86] Bannour & Grabs, 2011, S.423
[87] Bannour & Grabs, 2011, S.23
[88] Vgl. Bannour & Grabs, 2011, S.23
[89] Schwarz, 2012, S.209
[90] Vgl. Bannour & Grabs, 2011, S.23
[91] Hilker, 2010, S.178
[92] Vgl. Hilker, 2010, S.178

4.4 Social Media Plattformen

„Social Media umfasst eine Vielzahl von Plattformen und Tools, die der Kommunikation, Interaktion und dem Austausch von Inhalten und Informationen dienen. Grob eingeteilt sind das Blogs, Content-Plattformen (Foto, Video, Audio), soziale Netzwerke, virtuelle Welten, Wikis und Foren.“[93] Auf diesen Plattformen können die Menschen online gehen und Ideen, Content (Inhalte) oder Gedanken austauschen und Beziehungen herstellen. In Social Media ist jeder Inhalt kommentier -und erweiterungsfähig, wodurch der größte Unterschied von den Massenmedien deutlich wird. Des Weiteren kann Social Media die Form von Text, Audio, Video oder Bildern annehmen.[94] Die Inhalte dieser Plattformen können sowohl von Unternehmen, als auch von Nutzern erstellt werden. Bei letzterem handelt es sich um einen sogenannten „user generated content“ oder kurz „UGC“, bei dem die Tools entsprechend einer „Many-to-Many-Kommunikation“ ausgelegt sind. Diese werden also von vielen Personen zu einer Menge anderer Leute getragen. Im Gegensatz dazu ist die Zeit der „One-to-Many-Kommunikation“, also eine Kommunikation von einem zu vielen Leuten, die aus klassischer Werbung und Webseiten bekannt ist, vorüber. Über verschiedene Plattformen bietet das Social Web genügend Möglichkeiten, ein Feedback loszuwerden.[95] Dabei kann dies z. B. auf einem Unternehmensblog durch einen Kommentar oder auf einer Bewertungsplattform durch eine Rezension geschehen.[96]

Die komplette Social-Media-Landschaft besteht aus mehreren großen und hunderten kleinen Plattformen. Dabei herrscht ein ständiges Kommen und Gehen der Plattformen – alte Plattformen werden geschlossen, da die Nutzer massenweise zu Konkurrenz-Tools abwandern und die Entstehung von neuen Plattformen nimmt immer mehr zu. Eine genaue Übersicht über die unterschiedlichen Dienste stellt das Social-Media-Prisma (A.4) im Anhang dar.

Es ist selbstverständlich, dass sich ein Unternehmen nicht auf all diesen Plattformen, die im Social-Media-Prisma dargestellt werden, engagieren kann.[97] „Aus Kapazitäts- und Budgetgründen erfolgt meist eine Fokussierung auf die wichtigsten Plattformen. Hierbei muss zwischen Reichweite, Zielgruppengenauigkeit, Marketingmöglichkeiten und Kosten eine Abwägung resultieren.“[98]

Aus diesem Grund werden in den folgenden Abschnitten einige Social Media Plattformen vorgestellt. Demzufolge stehen im nächsten Unterkapitel die sozialen Netzwerke im Fokus.

---

[93] Bannour & Grabs, 2011, S.22
[94] Vgl. Meerman Scott, 2012, S.94
[95] Vgl. Bannour & Grabs, 2011, S.22
[96] Vgl. Beilharz, 2012, S.12
[97] Vgl. Beilharz, 2012, S.14
[98] Beilharz, 2012, S.14

4.4.1 Soziale Netzwerke

In diesem Unterkapitel stehen besonders die einzelnen sozialen Netzwerke im Vordergrund. Doch zuvor wird der Begriff und die Funktion eines sozialen Netzwerks erläutert.

„Ein soziales Netzwerk ist eine Gemeinschaft von Menschen, die über das Internet Kontakte knüpfen und Informationen austauschen."[99] Kaum einem anderen Thema wurde in naher Vergangenheit so viel Aufmerksamkeit geschenkt, wie den sozialen Netzwerken, die dadurch zum zentralen Ort des Informationsaustausches geworden sind. Demnach ist die Zahl der Nutzer bereits sehr groß und wächst stetig.[100]

Je nachdem, wie die sozialen Netzwerke ausgerichtet sind, kann es sich bei den Usern um Freunde, ehemalige Schulkameraden, Verwandte oder um potenzielle Kunden handeln. Genauso vielfältig ist die Art des Inhalts eines sozialen Netzwerks. Hierbei kann es um kurze Meldungen oder Fotos aus dem eigenen Leben oder um berufliche Nachrichten aus bestimmten Branchen gehen.[101] „Insofern unterscheidet sich der Umgang zwischen den Mitgliedern je nach Social Network erheblich."[102] Dennoch verfolgen alle sozialen Netzwerke den gleichen wesentlichen Zweck: Menschen auf regionale und überregionale Ebene miteinander zu vernetzen. Dabei sind geografische, politische und sprachliche Grenzen für die Entstehung eines Netzwerks belanglos.[103] Die zentralen Kennzeichen eines sozialen Netzwerks sind die Profile der einzelnen User, die mit zahlreichen persönlichen Informationen zur eigenen Person ausgestattet sind. Demnach werden Alter, Geschlecht, Hobbys, eigene private Fotos und Videos, aber auch Inhalte von anderen Usern oder Plattformen in einem sozialen Netzwerk von den Nutzern veröffentlicht. Hierbei wird deutlich, wie der User gesehen werden möchte. Sobald sich zwei oder mehr Nutzer über ihre Profile miteinander verbinden, entsteht ein Netzwerk. Dabei gilt, egal ob die Nutzer in Zukunft etwas miteinander zu tun haben, sie bleiben über das soziale Netzwerk immer verbunden und erhalten somit zumindest einen indirekten Kontakt zueinander. Durch die öffentlichen Nachrichten und Informationen, die über die Profile der User geteilt werden, nehmen diese somit am Leben der anderen teil.[104]

Auch Unternehmen sollten soziale Netzwerke nutzen, um somit die Marke bekannter zu machen, den Umsatz zu steigern und die Kundenzufriedenheit zu erhöhen.[105] Bereits etwa 40% der deutschen Unternehmen tun dies aktiv. Laut einer Umfrage glauben sogar rund neun von zehn Unternehmen an eine steigende Bedeutung von sozialen Netzwerken in den nächsten Jahren. Ferner können immer mehr Unternehmen eine positive Auswirkung auf das Geschäft durch die Nutzung von sozialen Netzwerken verzeichnen. Demzufolge nehmen sich die Menschen laut einer Studie der TNS Infratest sehr viel Zeit, um in sozialen Netzwerken aktiv zu sein. Demnach verbringen

---

[99] Faber & Schwarz, 2011, S.8
[100] Vgl. Bannour & Grabs, 2011, S.205
[101] Vgl. Faber & Schwarz, 2011, S.8
[102] Faber & Schwarz, 2011, S.8
[103] Vgl. Bannour & Grabs, 2011, S.205
[104] Vgl. Bannour & Grabs, 2011, S.207
[105] Vgl. Hilker, 2010, S.31

die befragten User im Schnitt 4,6 Stunden pro Woche in sozialen Netzwerken.[106] Des Weiteren verspricht die Nutzung von sozialen Netzwerken den Unternehmen zum einen mehr über ihre Kunden und deren Verhalten zu erfahren, in dem diese über das Monitoring herausfinden, wie sich die Meinung der Kunden zu ihrem Unternehmen und den Produkten oder Dienstleistungen darstellt. Dabei sollte keine passive Präsenz in sozialen Netzwerken stattfinden, sondern eine kommunikative, wo Feedback vom Kunden eingefordert und vom Unternehmen akzeptiert wird. Außerdem dient diese Präsenz dazu, die Kundenbeziehung zu stärken und den direkten Kontakt zu fördern, da über die sozialen Netzwerke der Kontakt zu den bereits bestehenden oder potenziellen Kunden, sowie Journalisten komfortabler, aber auch öffentlicher geworden ist.[107] Sobald bei sozialen Netzwerken wie Facebook oder Twitter eine Seite erstellt worden ist, werden Inhalte generiert, mit denen die Kunden erreicht und dementsprechend die Unternehmensziele realisiert werden. Obwohl soziale Netzwerke keine Werbung darstellen, können diese dennoch dafür genutzt werden, um die Menschen in einen Verkaufsanbahnungsprozess einzubeziehen.[108]

Des Weiteren ist das Social Sharing innerhalb der sozialen Netzwerke für Unternehmen von besonderer Bedeutung. „Damit ist gemeint, dass User Inhalte unterschiedlichster Art miteinander teilen bzw. Informationen darüber austauschen."[109] Dies passiert immer stärker auf Facebook und YouTube und ist sowohl für die User als auch für Unternehmen kostenlos. Für ein Unternehmen hat das Social Sharing drei grundlegende Ziele. Die Reichweite erhöhen, das Ranking verbessern und mehr Traffic erzielen. Ein Video, welches nur auf der eigenen Homepage zu finden ist, kann dementsprechend nur von den Besuchern der Website gesehen werden. Sobald dasselbe Video in einem sozialen Netzwerk, wie z. B. YouTube online ist, kann es von Millionen von Usern gefunden werden, die sich täglich in diesem Netzwerk bewegen. Außerdem werden durch die sozialen Netzwerke alle Internetnutzer direkt angesprochen, das Ranking der eigenen Website im Suchergebnis zu verbessern. Während früher nur die Chance bestand durch das Anklicken mit der Website unter den ersten zehn Treffern zu landen, kann dies jetzt zusätzlich z. B. mit einem Foto, Twitter-Beitrag oder per YouTube-Video erfolgen. Zudem können, durch die höhere Reichweite auf den einzelnen Plattformen, mehr Besucher (Traffic) auf die eigene Website gelenkt werden. Dazu sollte in einem Video oder in der Fotobeschreibung ein Link auf die Homepage verweisen.[110]

„Die sozialen Beziehungsgeflechte zwischen Menschen im Netz wachsen gigantisch. Drei von fünf Internetnutzern sind in Deutschland in sozialen Netzwerken aktiv. Kein anderer Bereich des Internets wächst so schnell. Die Verweildauer steigt dreimal schneller als im Durchschnitt aller Websites."[111]

---

[106] Vgl. Bannour & Grabs, 2011, S.206
[107] Vgl. Bannour & Grabs, 2011, S.211f.
[108] Vgl. Meerman Scott, 2012, S.366
[109] Bannour & Grabs, 2011, S.269
[110] Vgl. Bannour & Grabs, 2011, S.269-271
[111] Hilker, 2010, S.116f.

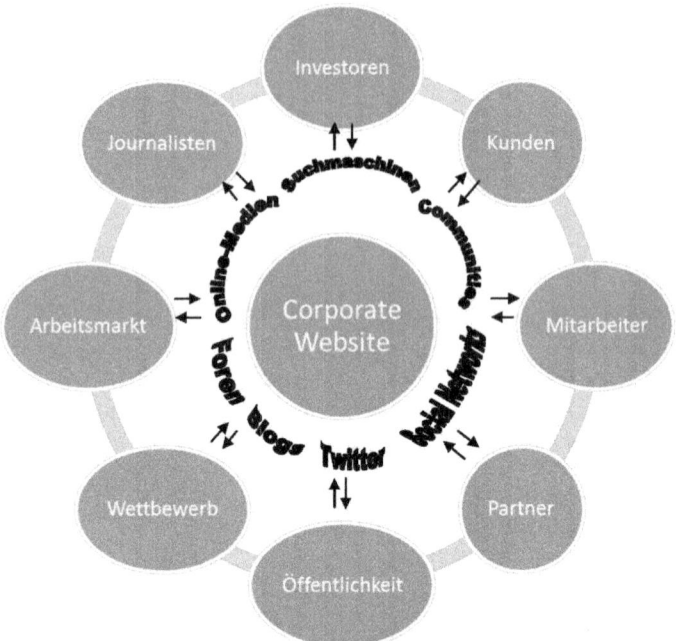

Die Hauptgründe für das enorme Wachstum von sozialen Netzwerken bilden Empfehlungen von Usern und Mundpropaganda.[112] „Die Auswahl an sozialen Netzwerken ist riesig, deshalb ist es umso wichtiger, strategisch vorzugehen und dem Ganzen eine professionelle Recherche und Konzeptionierung voranzustellen."[113]

Im nachfolgenden Abschnitt wird auf das wohl bekannteste soziale Netzwerk eingegangen: Facebook. Dabei stehen vor allem die Entstehung, Nutzung, Werbemöglichkeiten für Unternehmen und die technischen Möglichkeiten von Facebook, im Vordergrund.

4.4.1.1 Facebook

Facebook ist das weltweit größte soziale Netzwerk mit über einer Milliarde Nutzer (Stand: Oktober 2012). Es gilt als eine der größten Revolutionen der bisherigen Internetgeschichte.[114] Ursprünglich war Facebook als interne Austauschplattform für die Studenten der Harvard-Universität gedacht. Mittlerweile ist die Facebook-Website

---

[112] Vgl. Hilker, 2010, S.117
[113] Bannour & Grabs, 2011, S.267
[114] Vgl. Beilharz, 2012, S.17

laut Google die meistbesuchte Internetseite weltweit.[115] In Deutschland nutzen über 25 Millionen Menschen (Stand: 2014) jeden Monat Facebook. Dies entspricht fast der Hälfte aller deutschen Internetnutzer. Täglich sind sogar mehr als 19 Millionen Menschen (Stand: 2014) in Deutschland auf Facebook aktiv.[116] Seit der Gründung im Jahr 2004 wuchs Facebook zu einem der ganz großen Portale im Social Media, das sich selbst für Google zu einem ernsthaften Konkurrenten im Bereich des Online-Marketings entwickelt hat.[117]

Facebook wird von individuell gestalteten Profilen, auf die Fotos und Texte hochgeladen werden können, ausgezeichnet. Angemeldete Nutzer können andere Profile von Usern besuchen, dort öffentliche oder private Nachrichten hinterlassen und über einen Chat in Echtzeit mit anderen Nutzern kommunizieren. Jeder User besitzt eine eigene Profilseite, welche er mit persönlichen Informationen zur eigenen Person, sowie Fotos und Videos bestücken kann. Außerdem verfügt jedes Profil über eine eigene Pinnwand, auf der Besucher öffentliche Nachrichten hinterlassen können. Des Weiteren hat der Profil-Eigner die Möglichkeit, Notizen und Bloglinks zu veröffentlichen.[118] Da innerhalb von Facebook meistens mit anderen Familienmitgliedern, Freunden, Bekannten, Studien- oder Arbeitskollegen kommuniziert wird, stellt Facebook dementsprechend ein virtuelles Abbild der reellen sozialen Beziehungsstruktur eines Users dar.[119] „Derzeit ist Facebook das vielseitigste Netzwerk, in dem sich private Inhalte immer stärker mit beruflichen mischen."[120] Anfangs verliefen die Versuche von Unternehmen sich auf Facebook zu präsentieren eher wenig erfolgreich. Mittlerweile haben die Nutzer von Facebook die Präsenz der Unternehmen akzeptiert und würdigen diese auch mit Feedback. Für Unternehmen steht auf Facebook eine ganze Reihe an Marketingmöglichkeiten zur Auswahl. Im Mittelpunkt ist hierbei die Offizielle-Seite, ehemals „Fanseite" genannt. Auf diesen kann ein Austausch mit den potenziellen Kunden erfolgen. Dabei werden auf Umfragen, kurze Statements, Bilder, Videos und andere Beiträge zurückgegriffen.[121] Eine offizielle Seite gehört zu einem Unternehmen, einer Marke oder einer Organisation und das Profil zu einer einzelnen Person.[122] Die Offizielle-Seite „bietet noch mehr Funktionen als die Profile. Facebook-Nutzer können sich über den „Gefällt mir-Button" mit dem Unternehmen verbinden und erhalten so alle Status-Updates, die ein Unternehmen tätigt."[123] Facebook besitzt die höchste Reichweite aller Portale. Demzufolge ist die Einrichtung eines eigenen Firmenprofils für Unternehmen unabdingbar.[124] Dies sorgt für eine Kontaktaufnahme mit anderen Menschen und stellt gewissermaßen das persönliche Profil des Unternehmens dar. Außerdem kann das Firmenlogo als Profilfoto eingefügt wer-

---

[115] Vgl. Bartel, 2010, S. 7
[116] Vgl. Wiese, 2013, S.1
[117] Vgl. Bannour & Grabs, 2011, S.214
[118] Vgl. Hilker, 2010, S.33
[119] Vgl. Bannour & Grabs, 2011, S.216
[120] Faber & Schwarz, 2011, S.22
[121] Vgl. Beilharz, 2012, S.17
[122] Vgl. Bartel, 2010, S.222
[123] Hilker, 2010, S.34
[124] Vgl. Schwarz, 2012, S.196

den.[125] Allerdings muss die offizielle Seite des Unternehmens ständig durch neue Inhalte ergänzt werden. Ein Firmenprofil, das keine Resonanz erhält, wird nicht so schnell wachsen, wenn nicht sogar schrumpfen.[126] „Ein Unternehmen, bei dem nichts los ist, ist langweilig. Sowohl für Kunden wie auch für Bewerber und Geschäftspartner."[127] Außerdem sorgen zu viel Werbung und Ignoranz bei Anliegen und Fragen dafür, dass potenziellen Kunden eine offizielle Seite nicht mehr gefällt. Es ist daher enorm wichtig, dass die Community stets ernst genommen, die User als Menschen und nicht als bewerbende Objekte betrachtet und auf Augenhöhe behandelt werden.[128] Außerdem rufen kurze und knappe Beiträge eine höhere Interaktion bei den Nutzern hervor, als längere Kommentare. Für diese ist eher der Blog geeignet, auf welchen in Kapitel 4.4.2 eingegangen wird. Soziale Netzwerke sind schnelllebige Medien, in denen die User ungern längere Beiträge lesen.[129]

Das unternehmerische Marketing-Engagement kann mithilfe weiterer verschiedener Kanäle stattfinden. Die Diskussion über die Marke oder Produkte und Dienstleistungen kann via Gruppen stattfinden, wodurch zusätzlich die Marktforschung des Unternehmens vorangetrieben wird. Eine direkte „Freund-zu-Freund-Kommunikation" erfolgt über die Pinnwand der offiziellen Seite. Des Weiteren öffnet die Entwicklung von Promotion-Aktionen eine Vielzahl von Interaktionsmöglichkeiten auf dem Firmenprofil.[130] Durch die Marketingaktivität über Facebook, wird genau die Zielgruppe angesprochen, welche potenzielle Interessenten der Produkte und/oder Dienstleistungen eines Unternehmens sind.[131] „Die Facebook-User geben, mehr oder weniger bewusst, viele Informationen über sich und das eigene Konsum- und Freizeitverhalten auf Facebook preis."[132] Einem Unternehmen ist damit möglich, die relevante Zielgruppe exakt zu orten. Facebook ist ein virtueller Raum mit viel Interaktivität und Dynamik. Die Wahrscheinlichkeit, dass die User einen kleinen Teil ihrer Aufmerksamkeit einem Unternehmen schenken, ist sehr groß. Sofern die Nutzer dort einen „Gefällt mir-Button" anklicken und somit an das Unternehmen gebunden werden, werden gleichzeitig deren Freunde darüber informiert und ebenfalls proaktiv mit Infos versorgt.[133]

Eine weitere Form des Social Media Marketings stellen die Werbeanzeigen auf Facebook dar. Dafür werden laufend verbesserte Rahmenbedingungen für Unternehmen geschaffen, welche kommerzielle Werbung schalten möchten. Ein großer Vorteil dabei ist, dass keine andere Plattform mehr aktuelle demografische Daten von Usern anbietet. Somit wird bei überlegter Eingrenzung der Zielgruppen der sog. Streuverlust erstaunlich verringert.[134] Des Weiteren kann auch nach dem Alter differenziert werden, da Facebook die Angabe des Geburtsdatums zwingend verlangt. Das Be-

---

[125] Vgl. Meerman Scott, 2012, S. 341
[126] Vgl. Beilharz, 2012, S.117
[127] Schwarz, 2012, S.199
[128] Vgl. Bannour & Grabs, 2011, S.229
[129] Vgl. Beilharz, 2012, S.117
[130] Vgl. Hilker, 2010, S.34
[131] Vgl. Bartel, 2010, S.11
[132] Bannour & Grabs, 2011, S.217
[133] Vgl. Bannour & Grabs, 2011, S.217f.
[134] Vgl. Bannour & Grabs, 2011, S.239

zahlen dieser Werbeanzeigen wird nur bei Erfolg notwendig. So kann vom Unternehmen selbst ausgewählt werden, ob es ein Erfolg ist, wenn eine bestimmte Anzahl von Usern diese Anzeige angesehen oder auch wirklich angeklickt haben. Es muss jedoch ein maximales Tagesbudget angegeben werden. Gerade für Unternehmen mit einem kleinen Werbeetat ist es sehr empfehlenswert, diese Festlegung vorzunehmen. Des Weiteren muss in diesem Zusammenhang eine wichtige Entscheidung getroffen werden. Diese beinhaltet die Auswahl, ob für eine Impression (Anzeige der Werbung auf der Startseite eines Facebook-Users) oder für einen Klick auf die Werbeanzeige gezahlt werden soll.[135] Um von einer Facebook-Werbeanzeige zu profitieren, sollte vor dem Schalten einer Anzeige festgestellt werden, welche Altersgruppe die Produkte oder Dienstleistungen des eigenen Unternehmens hauptsächlich kaufen. Es ist daher immer besser, eine Reihe von Anzeigen, die sich an verschiedene feinteilige Zielgruppen richtet, innerhalb einer Kampagne zu schalten, als eine für den gesamten deutschsprachigen Markt.[136]

Für Unternehmen ist es ebenfalls sinnvoll, einen „Open Graph" einzusetzen. Hinter dem Begriff versteckt sich die Idee, eine nahtlose Verbindung zwischen der offiziellen Seite auf Facebook und der eigenen Website zu erzeugen, um somit die Grenzen zwischen den Websites zu beseitigen und alle Angebote im Netz potenziell in „Social Graphs" (Beziehungen zwischen Personen) von Menschen zu integrieren.[137] Das bekannteste Beispiel ist der „Like-Button". Sofern diese Erweiterung in die Homepage integriert wurde, können alle Besucher der Website die Inhalte durch ein „Gefällt mir" belohnen. Sollte es sich bei dem Besucher um ein Facebook-Mitglied handeln, wird der „Gefällt mir-Vorgang" auf deren Pinnwand dargestellt. Die einzige Voraussetzung, die gegeben sein muss, ist eine Verbindung zwischen Facebook und der eigenen Website.[138] Eine ausgedehnte Erweiterung des „Open Graphs" ist die „Like-Box". Diese stellt einen kleinen Ausschnitt der offiziellen Seite auf der eigenen Website dar. Dabei kann entschieden werden, ob nur der Name der Seite und der „Like-Button" oder zudem die letzten Beiträge der offiziellen Seite und ein Fotoausschnitt ausgewählter Fans angezeigt werden soll.[139] Ein anderes „Plug-In" ist die „Comment-Möglichkeit". Dadurch werden an jedes gewünschte Element der Website ein Kommentarfeld angeheftet, wodurch die Besucher die Möglichkeit haben, zu allem ein Kommentar abzugeben, sofern sie Facebook-Mitglied sind. Sollte auf der Homepage viel kommentiert werden, erscheint der Link der eigenen Website auf vielen Pinnwänden, wodurch die Popularität der Homepage gesteigert wird. Des Weiteren können „Profilbanner" von Facebook auf der eigenen Website eingefügt werden. Diese verweisen auf die offizielle Seite des Unternehmens und ermöglichen Besucher der Homepage das Unternehmen auch auf Facebook zu verfolgen.[140] Tatsächlich gibt es innerhalb des „Open Graphs" viele Erweiterungen, welche nach dem Ermessen des Unternehmens verwendet und auf der Website eingefügt werden können.

---

[135] Vgl. Bartel, 2010, S.213-218
[136] Vgl. Bartel, 2010, S.221
[137] Vgl. Bartel, 2010, S.256
[138] Vgl. Bartel, 2010, S.253
[139] Vgl. Bannour & Grabs, 2011, S.236
[140] Vgl. Bartel, 2010, S.259f.

Das Ansehen von Facebook im Social Marketing steigt immer mehr, da das Grundprinzip des „Teilens" technisch perfekt umgesetzt wird. Aufgrund der Möglichkeit sich mit anderen Social Media Plattformen, wie z. B. Twitter, YouTube, Blogs oder Websites zu verbinden, wird durch Facebook eine innovative Plattform dargestellt. Durch keine andere Marketingaktivität werden mehr potenzielle Kunden erreicht als über Facebook.[141] Außerdem ist „Facebook das perfekte Tool, um schnelle, günstige, flexible und visuell interessante Promotion- und Marketingaktionen zu launchen."[142] Ein wesentlicher Nachteil von Facebook sind die vielen ungeklärten Datenschutz- und Urheberrechtsfragen, wodurch Firmenauftritte auf Facebook skeptisch wahrgenommen werden können.

Alles in allem kommt an Facebook jedoch kein Social Media Marketing mehr vorbei. Sobald Facebook richtig angewandt wird, kann es sich zu einem unverzichtbaren, reaktionsschnellen Tool im Marketing-Mix jedes Unternehmens entwickeln.[143] Genau wie bei anderen sozialen Netzwerken basiert der Erfolg des Unternehmens darauf, sich zu profilieren und Informationen zur Verfügung zu stellen, die die Benutzer konsumieren wollen.[144] Jedes Unternehmen sollte auf Facebook aktiv sein, ansonsten droht ein Imageverlust. Je früher ein Unternehmen aktiv in Facebook einsteigt, desto mehr Benutzer gefällt das Unternehmen. Dies hat den Grund, dass aus Weiterempfehlungen von Fans automatisch noch mehr Fans werden.[145]

Das nachfolgende Unterkapitel befasst sich mit Twitter, einem weiteren sozialen Netzwerk. Hierzu werden neben der Entstehung auch die Besonderheiten und Möglichkeiten im Zusammenhang mit der unternehmerischen Nutzung angesprochen.

4.4.1.2 Twitter

Twitter ist ein seit 2006 existierender Microblogging-Dienst. Dabei handelt es sich um eine Zwischenform aus sozialem Netzwerk und Blog. Über diesen werden Kurznachrichten mit maximal 140 Zeichen veröffentlicht.[146] Hierbei ist es egal, um welche Mitteilung es sich handelt. Nutzer die Twitter-Nachrichten lesen, haben oftmals durch ihre Aktualität und Dynamik einen Informationsvorsprung.[147] Im Gegensatz zu Facebook bietet Twitter keine Extraseite für Unternehmen an. Diese müssen sich genau wie eine Privatperson anmelden, dürfen jedoch trotzdem als Unternehmen auftreten und können die gleichen Funktionen benutzen, wie z. B. Nachrichten schreiben, Nutzer anschreiben, Nachrichten weiterreichen, anderen Nutzern folgen oder Direktnachrichten verschicken.[148]

In Deutschland konnte Twitter noch nicht so viele Nutzer für sich gewinnen, wie in anderen Ländern. Dennoch ist die Nutzung bereits rasant angestiegen und besitzt im

---

[141] Vgl. Hilker, 2010, S.90
[142] Hilker, 2010, S.35
[143] Vgl. Hilker, 2010, S.35
[144] Vgl. Meerman Scott, 2012, S.346
[145] Vgl. Schwarz, 2012, S.200
[146] Vgl. Hilker, 2010, S.37
[147] Vgl. Schwarz, 2012, S.202
[148] Vgl. Beilharz, 2012, S.23

Social Media Marketing mittlerweile einen sehr hohen Stellenwert.[149] Laut der ARD/ZDF-Onlinestudie 2013 waren es im selben Jahr knapp vier Millionen Nutzer. Damit besitzt Twitter in Deutschland zwar deutlich weniger Nutzer als Facebook, ist jedoch trotzdem die am zweit häufigsten genutzte Community in Deutschland.[150] Dementsprechend besitzt Twitter für Unternehmen einen großen Nutzen. Denn trotz der geringen Nutzerzahl, lassen sich echte Kunden, Interessenten und potenzielle Mitarbeiter erreichen. Außerdem sind auf Twitter zahlreiche Journalisten, Redakteure, Blogger, Website-Betreiber und sonstige einflussreiche Personen aktiv, welche die Beiträge oder sogar das Unternehmen selbst über Twitter verfolgen und somit zur viralen Verbreitung der eigenen Botschaften beitragen können.[151] Des Weiteren nutzen immer mehr Unternehmen Twitter um Kundenfragen zu beantworten und eine Kundenbeziehung durch direkten Kontakt aufzubauen. Der Kunde erhält somit einen authentischen Service von Personen, die wirklich erreichbar sind, anstatt z. B. durch eine Telefon-Hotline eine kühle Beratung zu bekommen.[152] Zudem ist Twitter für Unternehmen nützlich, um zum einen Produkt-Informationen an ihre Kunden weiterzugeben und zum anderen als Marktforschungs-Instrument für die Produkt- und Unternehmensentwicklung zu agieren. Außerdem kann das eigene Twitter-Profil individuell angepasst werden, wodurch neben einer kleinen Biografie auch die Kontaktdaten des Unternehmens veröffentlicht werden. Dabei gilt: Je mehr Informationen angegeben werden, desto leichter kann das Profil von anderen Nutzern gefunden werden.[153] Dennoch dauert es eine gewisse Zeit, um eine Anhängerschaft aufzubauen und diese auf interessante Dinge bei Twitter hinzuweisen. Die beste Methode die Aufmerksamkeit anderer User zu gewinnen besteht darin, anderen zu „folgen" und auf deren Kommentare zu reagieren.[154] Sollten diese wiederum gefallen an den eigenen Beiträgen finden, so werden die Beiträge an andere User weitergeleitet, ähnlich wie es das Empfehlungsmarketing vorsieht. Dies hat zur Folge, dass die Reichweite der Message erhöht wird und neue User erreicht werden.[155] Somit wird jedoch auch deutlich, dass Twitter ein sehr zeitintensives Tool ist. Durch das „folgen" eines Users, werden deren Kommentare abonniert. Sobald eine Mitteilung veröffentlicht wird, erhält der Abonnement diese und kann nach Belieben darauf antworten.[156] Die Anzahl der „Follower", also Nutzer, die das Twitter-Profil des Unternehmens beobachten und verfolgen, spielt dabei eine gewisse Rolle. Auf Twitter wird jedoch nur ein Teil der eigenen Zielgruppe zu finden sein. Deswegen sollte das Unternehmen sich auf diese beschränken und dafür sorgen mit vielen solcher Nutzer ins Gespräch zu kommen.[157] Des Weiteren führt Twitter zu einer Transparenz der Konkurrenzunternehmen. Demzufolge besteht die Möglichkeit über Twitter schneller Branchentrends mit-

---

[149] Vgl. Hilker, 2010, S.37
[150] Vgl. Busemann, 2013, S.3
[151] Vgl. Beilharz, 2012, S.23
[152] Vgl. Bannour & Grabs, 2011, S.174
[153] Vgl. Hilker, 2010, S.38
[154] Vgl. Meerman Scott, 2012, S.349
[155] Vgl. Bannour & Grabs, 2011, S.176
[156] Vgl. Faber & Schwarz, 2011, S.108
[157] Vgl. Bannour & Grabs, 2011, S.203

zubekommen und die eigene Produktentwicklung voranzutreiben, da die Kunden-feedbacks der Konkurrenten abgerufen werden können.[158]

Die Kommunikation auf Twitter ist öffentlich und ohne Hierarchie. Demnach ist es kein Problem, mit einem Firmenchef oder einer Person mit einer leitenden Tätigkeit, ins Gespräch zu kommen.[159] Das Unternehmen überzeugt bei den Twitter-Nutzern, wenn der Chef selbst kommuniziert und zudem auch Mitarbeiter zu Wort kommen lässt. Dies gilt als wichtiger Grundsatz beim unternehmerischen Umgang mit Twit-ter.[160] Für Unternehmer bietet sich deshalb die Chance den Kunden mitzuteilen, was im Unternehmen neues passiert. Sei es bei der Personal- oder Produktentwicklung, Branchentrends oder Firmen-Events. Alles erscheint für den Kunden interessant, wodurch dieser einen Einblick hinter die Kulissen des Unternehmens gewinnt.[161] Das Unternehmen kann durch seine Präsenz auf Twitter versuchen, die eigene Populari-tät zu steigern. Jedoch reicht dafür einfache Eigenwerbung über Twitter nicht aus. Es sollte genau überlegt werden, welche Gruppe von Menschen mit den Mitteilungen angesprochen werden sollen. Für die Kommunikation eignen sich unternehmerische Presseinformationen auf Twitter einzustellen. Twitter kann mithilfe eines „Feeds" mit der Homepage des Unternehmens verbunden werden, um damit aktuelle Nachrich-ten zu verbreiten, die von Neukunden gern gesehen werden, da diese sich meistens im Social Web über ein Unternehmen erkundigen. Aus diesem Grund besteht eine gute Chance, das positive Image des Unternehmens zu erhöhen. Denn je mehr Un-ternehmen in Twitter aktiv sind, desto mehr Unternehmen fallen negativ auf, die es nicht sind.[162]

Ein großer Vorteil für Unternehmen liegt darin, dass Twitter die Möglichkeit zu einer Verknüpfung mit Facebook besitzt, welches im vorherigen Kapitel schon kurz er-wähnt wurde. Die Statusmeldungen von Facebook und Twitter haben viel gemein-sam. Genau aus diesem Grund eignet sich eine Verbindung der beiden Netzwerke, sodass die Twitter-Nachrichten automatisch auch auf der offiziellen Facebook-Seite erscheinen.[163] Ein weiterer Vorteil ist, dass die Nutzung sehr einfach und ein Gewinn von „Followern", mit etwas Übung, garantiert ist.

Ein großer Nachteil von Twitter sind dagegen die starken „Spam-Probleme". Sobald ein spezifischer Begriff in der Suche eingegeben wird, kann es vorkommen, dass innerhalb von wenigen Minuten zahlreiche neue „Follower", also Verfolger hinzu-kommen. Dahinter steckt jedoch eine Software, die diese Suchbegriffe überwacht und automatisch den Usern folgt, in der Hoffnung, dass diese wiederum ihnen fol-gen.[164] Des Weiteren ist Twitter nicht für das Versenden von Foto- und Videomateria-lien gedacht, was einen weiteren Nachteil verdeutlicht. Fotos oder Videos müssen

---

[158] Vgl. Bannour & Grabs, 2011, S.176
[159] Vgl. Bannour & Grabs, 2011, S.173
[160] Vgl. Bannour & Grabs, 2011, S.195
[161] Vgl. Bannour & Grabs, 2011, S.184f.
[162] Vgl. Schwarz, 2012, S.202
[163] Vgl. Faber & Schwarz, 2011, S.120
[164] Vgl. Beilharz, 2012, S.23

zunächst bei einem anderen Anbieter (z. B. YouTube) hochgeladen werden, bevor es möglich ist, diese in Twitter zu veröffentlichen.[165]

Alles in allem ist „Twitter ein übersichtlicher und gut strukturierter Microblogging-Dienst, der ein rasantes Wachstum erzielt hat."[166] Dieser ist sehr gut geeignet, um Kundenwünsche zu definieren und wertvolles Feedback von Kunden zu erhalten. Sollte Twitter jedoch nicht als Teil der Social-Media-Kommunikation genutzt werden, besteht das Risiko, dass unzufriedene Kunden dem Ruf des Unternehmens schaden könnten. Außerdem besteht ebenfalls die Möglichkeit mit Twitter ein Monitoring von Kunden und Konkurrenz durchzuführen, um somit zeitnah auf positive oder negative Kommentare von Usern reagieren zu können.[167]

Schlussendlich hängt die Nutzung von Twitter im Unternehmen ausschließlich davon ab, ob die anzusprechende Zielgruppe auf diesem sozialen Netzwerk überhaupt anzutreffen ist.[168]

Im nächsten Unterkapitel steht mit YouTube, ein weiteres soziales Netzwerk im Mittelpunkt. Hierbei wird vor allem auf die Nutzung im Unternehmen und die damit verbundenen Vorteile eingegangen.

4.4.1.3 YouTube

YouTube ist die größte und bekannteste Videoplattform der Welt. Sie wurde 2005 ins Leben gerufen und ist bereits im November 2006 von Google aufgekauft worden.[169] Unter den „Sharing-Angeboten" nimmt YouTube aufgrund seiner Reichweite und der hohen Akzeptanz eine wichtige Rolle ein. Zudem können auf dieser Plattform neben den Videos auch Kommentare und Meinungen der User abgegeben werden, wodurch YouTube auch zu den sozialen Netzwerken zählt. In diesem Netzwerk werden täglich ca. vier Milliarden Videos angesehen und ca. 80.000 Stunden (Stand: 2012) an neuen Videomaterialien hochgeladen. Dabei handelt es sich sowohl um Kurzvideos, als auch um mehrstündige Videoaufzeichnungen.[170]

YouTube dient ebenfalls als Suchmaschine. Immer mehr User suchen ihre Videos eher direkt über diese Plattform, als vorher eine normale Suchmaschine aufzusuchen. Damit rangiert YouTube unter den besten fünf Suchmaschinen der Welt.[171] Ein angemeldeter Nutzer kann seine eigenen Videos kostenfrei einstellen und damit für ein großes Publikum sichtbar machen. Auch für nicht angemeldete User besteht die Möglichkeit Videos anzusehen.[172] „Videos auf YouTube werden immer häufiger zu viralen Inhalten und sogar von Fernsehsendungen und Nachrichtenformaten als Aufhänger oder Quelle herangezogen. Da bieten sich auch für Unternehmen zahlreiche

---

[165] Vgl. Faber & Schwarz, 2011, S.119
[166] Hilker, 2010, S.38
[167] Vgl. Bannour & Grabs, 2011, S.203
[168] Vgl. Bannour & Grabs, 2011, S.177
[169] Vgl. Bannour & Grabs, 2011, S.279
[170] Vgl. Beilharz, 2012, S.24
[171] Vgl. Bannour & Grabs, 2011, S. 279
[172] Vgl. Hilker, 2010, S.42

Chancen, sofern Video-Inhalte bestehen oder erstellt werden können."[173] Außerdem können diese Inhalte ganz einfach in die eigene Unternehmenswebsite integriert oder auf den eigenen Blog eingefügt werden. Dementsprechend wird die Sichtbarkeit des Videos an vielen verschiedenen Stellen erhöht. Des Weiteren eignet sich ein Video gut, um durch einen Text auf die eigene Homepage oder anderen Informationen hinzuweisen. Zudem hat jede Privatperson und jedes Unternehmen die Möglichkeit, einen eigenen kostenlosen YouTube-Channel einzurichten, um somit seine eigenen Videos gesammelt darzustellen. Diese können mithilfe von Designvorlagen individuell gestaltet und dadurch ggf. optimal auf das eigene Unternehmen abgestimmt werden. Außerdem kann innerhalb des Profils eine Kanalbeschreibung, sowie einige „Kanaltags", also beschreibende Schlagwörter des eigenen YouTube-Channels, hinzugefügt werden. Dies ist insofern wichtig, da YouTube am Ende von jedem Video eine Empfehlung für ähnliche Videos vorgibt. Die Grundlage dieser Empfehlungen basiert auf den Videotitel, die Beschreibung und „Tags" des gesehenen Videos. Um das eigene Video als Empfehlung von besonders beliebten Videos erscheinen zu lassen, muss ermittelt werden, welche „Keywords" und „Tags" bei diesen verwendet wurden.[174] Des Weiteren besitzt YouTube eine integrierte Statistikfunktion, mit deren Hilfe detaillierte Informationen, wie z. B. videospezifische Altersgruppen oder Herkunft abgerufen werden können. Demzufolge lässt sich die exakte Zielgruppe des Videos bestimmen. Insofern sollte erkenntlich werden, dass YouTube zahlreiche Möglichkeiten anbietet, um ein effizientes Marketing für Produkte und Unternehmen jeder Art zu gewährleisten.[175] Aus diesem Grund sollten die Videos Informationen über Produkte oder Dienstleistungen enthalten, die dem Kunden die Kaufentscheidung vereinfachen. Dies stellt den Sinn eines Marketing-Videos dar.[176]

Alles in allem können Unternehmen mithilfe von YouTube im Internet ein einfaches zielgruppenorientiertes Werben mit einer riesigen Reichweite durchführen. Als unerfahrener Nutzer könnte es anfänglich schwierig sein, eine hohe Anzahl an Usern auf das gewünschte Video zu leiten. Doch sobald beim Umgang die Grundlagen der Videoplattform beachtet werden, kann YouTube eine gewinnbringende und werbewirksame Methode für Unternehmer sein.[177]

Im nachfolgenden Unterkapitel wird nun der bereits mehrmals erwähnte Blog genauer betrachtet und erläutert.

4.4.2 Blogs

Der Begriff „Blog" ist eine Kombination aus den Worten „Web" und „Log" und stellt eine Art Online-Tagebuch dar.[178] Ein Blog gehört nach wie vor zu einem der wichtigsten Social Media Elemente. Diese bieten Vorteile, die anderen Diensten fehlen.[179]

---

[173] Beilharz, 2012, S.24
[174] Vgl. Bannour & Grabs, 2011, S.279ff.
[175] Vgl. Hilker, 2010, S.42
[176] Vgl. Meerman Scott, 2012, S.404
[177] Vgl. Hilker, 2010, S.43
[178] Vgl. Behrendt & Zeppenfeld, 2008, S.26
[179] Vgl. Beilharz, 2012, S.14

Der Blog stellt eine spezielle Art von Website dar, die von einer oder mehreren Personen erstellt und gepflegt wird. In den häufigsten Fällen bezieht sich dieser immer auf ein Anliegen, worüber ein Austausch erfolgen sollte. Dies betrifft nicht nur individuelle Blogs, sondern auch Unternehmens- und Gruppenblogs.[180] Blogs können öffentlich, aber auch nur an ausgewählte Leser gerichtet werden. Diese agieren so ähnlich, wie eine chronologisch strukturierte Website, was zur Folge hat, dass die jüngsten Einträge ganz oben und die ältesten ganz unten angezeigt werden.

Des Weiteren gibt es verschiedene gute Gründe, warum Unternehmen einen eigenen Blog betreiben sollten. Dieser dient heutzutage als „Massen-Medium für Unternehmen, um ihre Ideen auf dem Markt bekannter zu machen."[181] Innerhalb eines Blogs hat das Unternehmen die völlige Handlungsfreiheit. Es kann somit selbst über Umfang und Gestaltung bestimmen und ist zudem nicht an technische Vorgaben gebunden.[182] Ebenso kann der Blog für ein effizienteres Projektmanagement eingesetzt werden, um den Arbeitsprozess für alle Mitarbeiter transparenter zu machen.[183] Ein weiterer Vorteil für Unternehmen ein Blog zu betreiben ist, dass die Menschen Werbung in TV/Radio mit Skepsis betrachten und dortige Ankündigungen von Geschäftsführern für wirklichkeitsfremd halten. Doch ein oft aktualisierter Blog, der von Mitarbeitern einer kleinen oder großen Firma geführt wird, verdient Aufmerksamkeit.[184] Zusätzlich erhält ein regelmäßig aktualisierter Blog ein besseres Ranking bei den Suchmaschinen (z. B. Google oder Yahoo), weil die Algorithmen der Suchmaschinen Blogs dafür belohnen, dass sie häufig aktualisiert werden.[185] Die Inhalte sind ausschlaggebend für einen gut geführten Unternehmensblog. Ideal eignen sich dafür z. B. Produktinformationen, Interviews, Umfragen, Stellenausschreibungen, Multimedia-Inhalte, Gewinnspiele und Linklisten, wodurch ein echter Mehrwert produziert werden kann. Demgemäß ist eine Abteilung mit häufigen Fragen und Antworten, ein sog. FAQ-Bereich, sehr vorteilhaft für einen Blog, aufgrund der kundenfreundlichen Herangehensweise.[186] Ein weiterer Grund für das Betreiben eines Unternehmensblogs ist das Abheben von der Konkurrenz. Dies geschieht durch die Darstellung der Unternehmenskompetenzen innerhalb des Blogs.[187] Zudem stellt dieser eine eigene Social Media Zentrale dar, wodurch der Newsbereich auf der eigenen Website ersetzt wird. Demzufolge werden somit täglich News, Infos, Ankündigungen usw. an die Leser übermittelt. Mithilfe eines Blogs gibt es zusätzlich die Möglichkeit alle Social Media Aktivitäten eines Unternehmens zusammenzuführen. Dies erfolgt z. B. durch Verlinkungen zu anderen Social Media Kanälen und durch das Einbinden von Bildern und Videos.[188] Eine solche Vernetzung kann auch erfolgen, wenn die Blogger sich untereinander fördern. Dieser sog. „Blogroll" betitelt die Liste der befreundeten

[180] Vgl. Meerman Scott, 2012, S.125
[181] Meerman Scott, 2012, S.373
[182] Vgl. Beilharz, 2012, S.14
[183] Vgl. Bannour & Grabs, 2011, S.125
[184] Vgl. Meerman Scott, 2012, S.373
[185] Vgl. Meerman Scott, 2012, S.386
[186] Vgl. Beilharz, 2012, S.102f.
[187] Vgl. Bannour & Grabs, 2011, S.127
[188] Vgl. Bannour & Grabs, 2011, S.123ff.

Blogs, welche ebenfalls über das eigene Unternehmen berichten und dafür sorgen, dass der eigene Blog schnell bekannter wird.[189]

Der Blog dient außerdem als Dialogmedium, um Kundenbeziehungen zu pflegen, ein positives Image aufzubauen, interessierte Kunden zu informieren und die Kundengewinnung voranzutreiben. Aufgrund der Kommentarfunktion ist die Möglichkeit des Sammelns von wertvollem Feedback der Kunden gegeben.[190] Durch das Betreiben eines Unternehmensblogs kann zudem an den Gesprächen teilgenommen und mit den Bloggern zusammengearbeitet werden, die entweder über die eigene Branche, das eigene Unternehmen oder die eigenen Produkte oder Dienstleitungen schreiben. Ferner besteht für Unternehmen, durch einen eigenen Blog, die Möglichkeit diese Gespräche in Gang zu bringen und zu lenken.[191] Denn die Kunden stellen ein wertvolles Gut beim Social Media Marketing dar. Somit müssen die Kunden angeregt werden, auf dem Firmenblog regelmäßig Beiträge zu verfassen, um diesen für die Leserschaft kontinuierlich interessant zu halten.[192] Innerhalb eines Unternehmens gibt es „für das Marketing kein besseres Werkzeug als ein Weblog, um den Puls des Marktes hautnah zu erfühlen."[193]

Ebenso kann ein offener Austausch mit den Kunden, Mitarbeitern und Geschäftspartnern über die Unternehmensentwicklung oder neue Produkte gleichzeitig erfolgen. Dabei sollte die Kommunikation in einer transparenten Art und Weise erfolgen und auf Ehrlichkeit beruhen. Dies hat zur Folge, dass ein Unternehmen von den eigenen Kunden als vertrauenswürdiger und kundenfreundlicher beurteilt wird.[194] Ferner wird durch die kompetente und autoritäre Kommunikation nach außen das „Know-How" des Unternehmens deutlich und sorgt dafür, dass zufriedene Stammkunden das Unternehmen als Experte wahrnehmen.[195] Im Gegensatz dazu, kann es ebenfalls vorkommen, dass ein unzufriedener Kunde seine Meinung preisgibt. Hierbei ist jedoch wieder von Vorteil, dass das Unternehmen auf diese negative digitale Mundpropaganda innerhalb des Blogs schnell reagieren und somit einen negativen Überschwung auf andere Kunden im besten Fall verhindern kann.[196]

Ein Blog ist ein idealer Bestandteil des Social Media Marketings. Dieser sollte geschickt in die sonstigen Online-Marketingmaßnahmen eingegliedert werden. So besteht z. B. die Möglichkeit, Videos im Blog einzubauen und mit einem Verweis auf den eigenen YouTube-Kanal zu versehen, sofern dieser betrieben wird.[197] Zudem wird durch den Blog eine Social Media Zentrale symbolisiert, über die das Unternehmen seine Social Media Strategie steuern kann.[198]

---

189 Vgl. Schwarz, 2012, S.125
190 Vgl. Bannour & Grabs, 2011, S.123ff.
191 Vgl. Meerman Scott, 2012, S.131
192 Vgl. Bannour & Grabs, 2011, S.139
193 Schwarz, 2012, S.121
194 Vgl. Hilker, 2010, S.88f.
195 Vgl. Bannour & Grabs, 2011, S.127
196 Vgl. Bannour & Grabs, 2011, S.136
197 Vgl. Beilharz, 2012, S.105
198 Vgl. Bannour & Grabs, 2011, S.123

Grundsätzlich sind im Laufe der letzten Jahre Blogs immer populärer geworden. Dazu kommt, dass die einzelnen Blogbetreiber durch einen „Blogroll" auf die Inhalte anderer Blogs vermehrt Bezug nehmen und auch auf diese verlinken. Demzufolge ist mit der Zeit ein riesiges Netzwerk entstanden, welches jedem Unternehmen zu Gute kommen kann.[199] Dabei kann es zudem vorteilhaft sein, wenn der eigene Blog in mehrere Blogverzeichnisse eingetragen wird, um somit die Bekanntheit zu steigern.[200]

Im Vergleich zu den vorher beschriebenen sozialen Netzwerken, ermöglichen die Blogs eine nach außen offene und dauerhafte Präsentation des Unternehmens. Auch Jahre später können Leser auf ältere Beiträge zurückgreifen und sich somit informieren. Durch diese Funktion agiert der Blog auch gleichzeitig als eine Art Archiv, welches die Entwicklung des Unternehmens erkenntlich macht.[201]

Im nächsten Unterkapitel wird eine weitere Social Media Plattform vorgestellt und erläutert. Es handelt sich dabei um die Foren. Diese Plattform ähnelt sehr stark den Blogs. Hierbei wird deshalb auf den Unterschied der beiden Social Media Anwendungen, sowie auf die Funktion und die Nutzung im Social Media Marketing von Unternehmen eingegangen.

4.4.3 Foren

Foren bilden das Urgestein von Social Media. Sie sind bereits zum Ende der 70er-Jahre entstanden und behandeln bestimmte Themen. Zusätzlich bilden sich oft kleine Communitys, welche in Foren aktiv werden. Auch wenn ein Forum nicht so eine mediale Aufmerksamkeit wie z. B. Facebook erhält, beinhaltet dieses doch eine hohe Anzahl an relevanten Nutzern. Darüber hinaus ist ein Forum, vom Prinzip her, ähnlich aufgebaut wie ein Blog. Der größte Unterschied ist jedoch, dass in einem Blog Erlebnisse von Nutzern niedergeschrieben und kommentiert werden und in einem Forum Diskussionen mit Fragestellungen enthalten sind.[202] Die Gesamtheit der Beiträge werden als „Threads" bezeichnet. Diese sind in der gleichen chronologischen Reihenfolge sortiert, wie bei einem Blog.[203]

„Foren sind Räume für Menschen, nicht für Unternehmen."[204] Anhand dieser Aussage, wird ein weiterer wesentlicher Unterschied zwischen Blog und Forum sichtbar. Aus diesem Grund sollte sich ein Mitarbeiter eines Unternehmens immer als private Person in einem Forum registrieren. Allerdings ist es von Vorteil, wenn im Profil Unternehmensreferenzen preisgegeben werden, damit einer authentischen Kommunikation nichts im Wege steht. Somit ist es viel leichter mit den anderen Forenmitgliedern ins Gespräch zu kommen.[205]

---

[199] Vgl. Behrendt & Zeppenfeld, 2008, S.26
[200] Vgl. Schwarz, 2012, S.122
[201] Vgl. Beilharz, 2012, S.101
[202] Vgl. Bannour & Grabs, 2011, S.413
[203] Vgl. Bannour & Grabs, 2011, S.416
[204] Bannour & Grabs, 2011, S.419
[205] Vgl. Bannour & Grabs, 2011, S.419

Diskussionsforen liefern wichtige Informationen und sind dadurch entscheidende Plattformen für die Käufer. Durch die Präsenz innerhalb der Foren, kann der Verkauf von Produkten oder Dienstleistungen angekurbelt werden. Dabei bietet es sich an, ein Forum direkt auf der Unternehmenswebsite einzurichten, um folglich Diskussionen direkt beim Kauf der Produkte oder Dienstleistungen zu gewährleisten.[206] Diese Diskussionen erhalten in den meisten Fällen umfangreiche Inhalte, welche den Rang der Anzeige bei Suchmaschinen erhöhen. Zudem kann sich die eigene Website zu einem gut besuchten Wissensportal, innerhalb der Branche, entwickeln. Außerdem erreichen Unternehmen mithilfe eines Forums eine direktere Beziehung zu den Kunden.[207] Ferner gestaltet sich ein Forum zu einem hervorragenden Marketinginstrument, um potenziellen Kunden zu zeigen, dass es zufriedene Kunden gibt, die die Produkte oder Dienstleistungen von Unternehmen verwenden.[208] Weiterhin eignet sich ein Forum gut, um Marktforschung zu betreiben. Denn hierbei können auf Informationen zurückgegriffen werden, die Aufschluss darüber geben, ob ein Kunde mit einem Produkt oder einer Dienstleistung zufrieden ist. Dennoch muss festgehalten werden, dass die Nutzung und Pflege eines Forums „sehr zeitaufwändig ist und viel Aufmerksamkeit und Know-How im Umgang mit den Forenmitgliedern verlangt."[209] Doch dies lohnt sich in jedem Fall, da konkrete Fragen der Kunden gezielt beantwortet werden können und somit der Expertenstatus erlangt wird. Dies hat zur Folge, dass sich das Image des Unternehmens verbessert und zahlreicher Traffic auf der Unternehmenswebsite generiert wird. Außerdem ist dadurch eine Weiterentwicklung der Produkte oder Dienstleistungen möglich.[210]

Bei den meisten Foren handelt es sich jedoch um externe Seiten, die nur mit einer Registrierung zugänglich werden. Somit fühlen sich die Nutzer unter sich und tauschen sich dementsprechend unverblümt aus. Daraus geht hervor, dass authentisches und ehrliches Feedback zu den Leistungen, Produkten oder Dienstleistungen eines Unternehmens deutlich wird. Des Weiteren sollten hierbei die eigenen Forenbeiträge Signaturen enthalten, welche Links zur Unternehmenswebsite aufweisen, um somit zielgenauen Traffic von den Foren zur eigenen Website zu ermöglichen.[211]

Im Grunde genommen, sind die technischen Voraussetzungen für die Erstellung eines eigenen Forums sehr gering, dennoch scheuen viele Unternehmen den damit verbundenen Aufwand und mögliche Kritik am eigenen Produkt oder der eigenen Dienstleistung. Jedoch ist es Fakt, dass unzufriedene Kunden so oder so Kritik äußern, sei es auf einer anderen Social Media Plattform, auf der eigenen Website oder auf einer fremden Homepage. Insofern ist es besser, wenn die Kritik im eigenen Forum geäußert wird, da das Unternehmen somit über die Kritik Bescheid weiß und dementsprechend darauf mit Verbesserungsvorschlägen und aktiver Kommunikation reagieren kann.[212]

---

[206] Vgl. Bannour & Grabs, 2011, S.347
[207] Vgl. Schwarz, 2012, S.117
[208] Vgl. Meerman Scott, 2012, S.311
[209] Bannour & Grabs, 2011, S.413
[210] Vgl. Bannour & Grabs, 2011, S.413
[211] Vgl. Bannour & Grabs, 2011, S.414f.
[212] Vgl. Bannour & Grabs, 2011, S.416

Zusammenfassend ist zu sagen, dass die Foren nach wie vor eine wichtige Rolle bei der Informationssuche und Diskussion von Fragestellungen zu bestimmten Themen spielen, obwohl diese durch den Hype rund um die sozialen Netzwerke größtenteils aus der Wahrnehmung verdrängt wurden.[213] „Als authentische und unverfälschte Quelle von Informationen, Meinungen und Erfahrungen aus Konsumentensicht können Foren sehr, sehr hilfreich für Unternehmen und dessen Online-Reputation sein."[214] Trotzdem sollte im Vorfeld analysiert werden, wie die Produktpalette des Unternehmens und das Kommunikationsverhalten der Zielgruppe im Internet aussieht, da darauf die Entscheidung aufbaut, als Unternehmen ein Forum einzurichten oder in einem aktiv zu werden.[215]

Im nachfolgenden Unterkapitel wird das Social Bookmarking vorgestellt. Dies ist eine eher weniger bekannte Social Media Plattform, wird jedoch im SMM immer häufiger verwendet und ist deshalb ebenfalls Bestandteil dieses Kapitels. Dabei stehen die Bereiche Definition, Funktionsweise und Nutzungsmöglichkeiten im Vordergrund.

4.4.4 Social Bookmarking

„Bookmarks sind digitale Lesezeichen, mit denen im Browser eine Website markiert wird."[216] Diese bilden Lesezeichensammlungen, die mit anderen geteilt werden. Viele User benutzen bereits Social Bookmarking Dienste, da diese unter anderem eine Suche nach interessanten Webinhalten vereinfachen und den Benutzern die Gelegenheit geben Inhalte und Webseiten zu bewerten und weiterzuempfehlen.[217] Durch das Social Bookmarking werden zwei wesentliche Nutzen für ein Unternehmen erfüllt. Zum einen stellen Social Bookmarks Empfehlungen dar, welche von anderen Nutzern geteilt werden und demzufolge eine Erhöhung der Reichweite erzielen. Dadurch wiederum werden andere Nutzer auf die eigene Seite aufmerksam und das Unternehmen erhält im Internet zusätzliche Besucher. Zum anderen kann die Präsenz in den Social Bookmarking Diensten die Position des Unternehmens in den Suchmaschinen verbessern. Dies geschieht daher, weil die Suchmaschinen die Relevanz von Webseiten auch nach der Qualität und Menge der darauf verweisenden Hyperlinks bewerten. Dementsprechend werden Links von Social Bookmarking Diensten von den Suchmaschinen höher bewertet, als Links von „normalen" Internetseiten.

Am häufigsten werden Bookmarks bei einem Online-Dienst abgespeichert, anstatt auf dem eigenen Rechner. In Deutschland ist das Social Bookmarking Portal „Mister Wong" sehr stark verbreitet.[218] Es wurde 2006 in Deutschland gegründet und verzeichnet mehr als 9,5 Mio. Lesezeichen. Zusätzlich wird ein eigener Chart geführt, der die am häufigsten als Bookmarks gespeicherten Internetseiten aufzeigt. Mithilfe dieses Portals kann ein Unternehmen eine Unternehmensseite einrichten, um so ei-

---

[213] Vgl. Bannour & Grabs, 2011, S.421
[214] Bannour & Grabs, 2011, S.421
[215] Vgl. Bannour & Grabs, 2011, S.347
[216] Schwarz, 2012, S.215
[217] Vgl. Meerman Scott, 2012, S.94
[218] Vgl. Schwarz, 2012, S.215f.

ne Art digitale Pressemappe zu führen. Hierbei ist die Möglichkeit gegeben Linktipps, Dokumente und auch die eigene Internetseite des Unternehmens vorzustellen, sowie das Profil mithilfe eines eigenen Hintergrundbilds und eigenen Farben zu individualisieren. Ferner besteht die Chance ähnlich wie in Twitter, dass das Unternehmensprofil von anderen Nutzern abonniert werden kann. Dadurch erhalten die Abonnenten sofort die neuesten Aktivitäten des Unternehmens. Dies erfolgt mithilfe eines „RSS-Feeds", auf welchen im nächsten Unterkapitel genauer eingegangen wird.[219] Relevante und interessante Inhalte erhöhen die Aussicht, dass das Unternehmensprofil von vielen Nutzern abonniert wird und somit das Unternehmen seine Kompetenz zu einem bestimmten Thema vermitteln kann.[220]

Im letzten Unterkapitel der Social Media Plattformen, wird auf den eben genannten RSS-Feed eingegangen. Bei dieser Anwendung stehen besonders der Nutzen für das Unternehmen, sowie die damit verbundene Implementierung innerhalb des Unternehmens im Mittelpunkt.

4.4.5 RSS-Feed

Auf vielen Webseiten gibt es bereits die Möglichkeit ein RSS-Feed (Really Simple Syndication) zu abonnieren. Dieses ist ein kostenloser Dienst, der ähnlich wie ein Newsticker funktioniert. Sobald es eine neue Meldung gibt, wird diese den Interessenten zugeschickt.[221] Der RSS-Feed sollte dabei in die Abschnitte der eigenen Webseite eingefügt werden. Dafür ist der Online-Medienraum ideal geeignet.[222] Wenn Nachrichten und Inhalte im RSS-Format zur Verfügung gestellt werden, prüfen RSS-fähige Webbrowser, ob eine Änderung vorgenommen wurde und zeigen diesen ggf. auf der Webseite an. Für die interessierten Nutzer ist es viel einfacher, die Informationen zu sich kommen zu lassen, als selbst danach suchen zu müssen. Ein RSS-Feed stellt ein besonders starkes Instrument für das Informationsmanagement dar und umgeht die zunehmend zugestopften E-Mail-Kanäle.[223] „Fortschrittliche Unternehmen verwenden RSS, um Interessenten, Kunden, Investoren und die Medien auf dem Laufenden zu halten, aber noch zu wenige Unternehmen nutzen diese wirklich einfache Marketing-Technik, um wertvolle Informationen zu veröffentlichen."[224] Zudem gibt es somit einen zusätzlichen Kanal in der Social Media Welt, womit die Neuigkeiten eines Unternehmens automatisiert verbreitet werden können. Des Weiteren lassen sich mit Diensten wie z. B. „Twitterfeed" die Inhalte von RSS-Feeds auch in sozialen Netzwerken, wie Twitter und Facebook integrieren. Dieses spart sehr viel Zeit, da die Pressemeldungen oder Blogbeiträge per RSS automatisch ins Social Web gelangen.[225] Aus diesem Grund wird die Bedeutung eines RSS-Feeds als Komponente einer Web-Marketing-Strategie deutlich. Außerdem stellt es einen

---

[219] Vgl. Bannour & Grabs, 2011, S.307f.
[220] Vgl. Bannour & Grabs, 2011, S.303
[221] Vgl. Schwarz, 2012, S.208
[222] Vgl. Meerman Scott, 2012, S.439
[223] Vgl. Meerman Scott, 2012, S.313
[224] Meermann Scott, 2012, S.439
[225] Vgl. Schwarz, 2012, S.208

Kanal dar, der die Kunden mit sehr speziellen Bedürfnissen erreichen kann. Weiterhin ist RSS auch eine beliebte Methode für Unternehmen, um Märkte, andere Unternehmen oder Ideen zu beobachten, sofern ein RSS-Feed eines konkurrenzfähigen Unternehmens abonniert worden ist.[226]

Im nachfolgenden und gleichzeitig letzten Unterkapitel des Social Media Marketings, werden einige Modelle für Social Media Strategien und die dafür notwendigen Elemente dargestellt. Dieser Abschnitt gilt als der Wichtigste, wenn es um die Umsetzung von Social Media Maßnahmen geht und soll dieses Kapitel zudem zusammenfassend abrunden. Auch wenn vorab einige gute Social Media Maßnahmen für ein Unternehmen entwickelt wurden, stellt die Implementierung, ohne eine echte Social Media Strategie, ein ernst zunehmendes Hindernis dar. Aus diesem Grund werden im Folgenden Vorschläge für SM-Strategien bereitet.

4.5 Social Media Strategien

Den meisten Unternehmen, die soziale Medien nutzen, fehlt es an einer guten Social Media Strategie. Viele starten mit Social Media entweder einen blinden Versuch oder es fehlt einfach der nötige Überblick über die Anzahl der Möglichkeiten.[227] Im Grunde genommen ist es immer positiv zu betrachten, wenn sich ein Unternehmen nicht die Chancen entgehen lassen will, die Social Media bieten kann. Trotzdem muss sich dabei genügend Zeit und Ruhe genommen werden, um strategisch an das Gebilde Social Media heranzugehen. Sofern das Interesse besteht auch in Zukunft erfolgreich Social Media Marketing zu betreiben und bei den Kunden präsent zu sein, sollte zu allererst eine gut durchdachte Social Media Strategie erstellt werden. Anderseits läuft das Unternehmen Gefahr einem Hype zu erliegen und vergebens neue Kunden zu begrüßen. Nur wenn ein konkretes, sinnvolles und realistisches Ziel vereinbart wird, werden Erfolge erkenn- und messbar. Spätestens dann wird erkenntlich werden, inwiefern Social Media positive Auswirkungen auf das Unternehmen hat.[228]

Mit einer Social Media Strategie fällt es leichter, die Unternehmensziele zu erreichen. Bislang enthielten Marketing Strategien Ziele, Strategien und Maßnahmen. Dabei bildete immer der Ist-Zustand die Ausgangsbasis. Bei den Social Media Strategien gilt es einige Besonderheiten zu berücksichtigen. Bisher waren im Marketing das „Push- und Pull-Prinzip" die treibenden Kräfte. Das heißt, dass über unterschiedliche Kanäle die Angebote einseitig zum Kunden „gepusht" werden. Andersherum holt sich der Kunde Informationen zu einem Produkt oder einer Dienstleistung aus seinem Lieblingskanal, welches das „Pull-Prinzip" beschreibt. Dabei agiert der Kunde selbstständig aktiv, sodass für das Unternehmen die Aufgabe besteht, die Informationsangebote über die Leistungen als Selbstbedienung bereitzustellen. Im Social Media Marketing dagegen gilt das „Share-Prinzip". Hierbei verlinken und vernetzen sich die Nutzer und empfehlen wichtige Informationen zu Produkten oder Dienstleistungen

---

[226] Vgl. Meerman Scott, 2012, S.313
[227] Vgl. Hilker, 2010, S.22
[228] Vgl. Bannour & Grabs, 2011, S.423

weiter. „Share", also das Teilen von Wissen in den sozialen Medien, zeichnet das SMM aus.

Als treibende Kraft wirkt dabei das bereits mehrfach genannte Empfehlungsmarketing. Dies kann durch Begeisterungsfaktoren, wie z. B. einem innovativem Produkt, ein hervorragender Service oder einem besonderem Erlebnis hervorgerufen werden. Für Unternehmen gilt also, gute virale Geschichten zu kreieren, die oft und gerne in den sozialen Medien weitergegeben werden. Dies stellt den Schlüssel zum Erfolg dar. Denn ohne virales Marketing wird der größte Anteil des Erfolgs verschenkt. Zudem ist besonders wichtig, dass die Social Media Strategie in die Unternehmensstrategie integriert wird, damit auch wirklich die Geschäftsentwicklung eine Förderung wiederfährt.[229] Eine genaue Übersicht über die Bestandteile einer Social Media Strategie wird durch die Abbildung (A.5) im Anhang wiedergegeben.

Eine Social Media Strategie erfüllt einige essenzielle Aufgaben. So werden im Rahmen der SM-Strategie Ziele definiert, die das Unternehmen mit seiner Präsenz erreichen will. Außerdem soll die Strategie auch dafür sorgen, dass diese Ziele erreicht werden und der „Return on Investment" (ROI) ermittelt wird. Zudem zwingt sie das Unternehmen dazu, sich bereits im Vorfeld der Social Media Aktivitäten über mögliche Fehlerquellen zu informieren und zeigt auf, wo Optimierungspotenziale bestehen. Des Weiteren sorgt die SM-Strategie dafür, dass sich das eingesetzte Budget auch maximal erfolgreich auswirkt. Dadurch sollen Streuverluste vermieden werden. Eine gute Strategie ist auch dafür verantwortlich, dass Social Media Krisen vorgebeugt und deren Folgen abgeschwächt werden. Somit können vermeidbare Krisen wirklich vermieden werden und es erfolgt zudem ein besserer Umgang mit unvermeidbaren Krisen.

Dementsprechend wird deutlich, dass eine SM-Strategie einen Leitfaden für den unternehmerischen Alltag vorgibt. Es ist normal für das Social Web, dass sich Dinge ändern oder anders entwickeln. Aus diesem Grund muss die Social Media Strategie häufiger optimiert werden, als andere Unternehmensstrategien. Sie entwickelt sich also mit dem Unternehmen mit. Dieses unterscheidet sich zwar im Vergleich zu der herkömmlichen Umgehensweise, entspricht jedoch dem eigentlichen Sinn und Zweck einer Strategie.

Zur Entwicklung einer SM-Strategie existieren einige verschiedene Modelle. Da wäre zum einen das „POST-Framework"-Modell, welches zu den bekanntesten Strategie-Modellen gehört. Es eignet sich für Unternehmen, die sehr schnell eine Strategie aufstellen müssen und ist gleichzeitig verständlich aufgebaut.[230]

---

[229] Vgl. Hilker, 2010, S.62f.
[230] Vgl. Beilharz, 2012, S.51f.

Abbildung 6: POST-Framework zur Entwicklung einer Social Media Strategie (Quelle: Forrester Research, 2008)

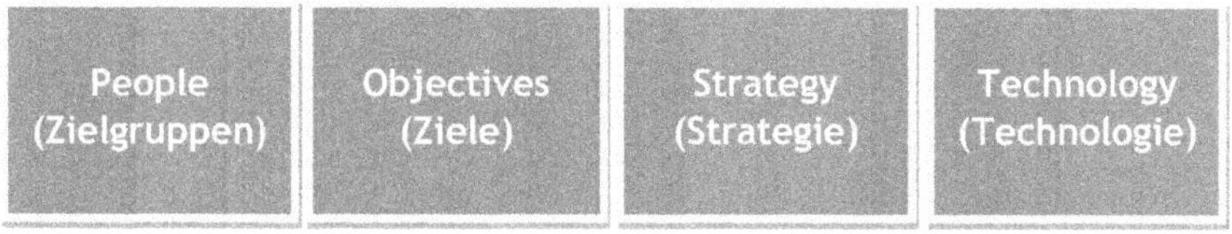

People (Zielgruppen)	Objectives (Ziele)	Strategy (Strategie)	Technology (Technologie)

Der Begriff „POST" steht für die vier Bereiche, die im Modell betrachtet werden. Mithilfe dieser vier Elemente kann eine kompakte und praxistaugliche Strategie entwickelt werden.[231] Das bedeutet, dass zuerst eine Zielgruppenanalyse durchgeführt werden muss. Dafür sollte herausgefunden werden, wo und in welchem Ausmaß die Kunden im Social Web aktiv sind und wie sie dort kommunizieren.

Als nächster Schritt müssen die Ziele des Unternehmens abgeleitet werden. Hierfür werden die Ziele auf Basis der vorangegangenen Zielgruppenanalyse definiert. Jüngere Zielgruppen können in anderen Social Media Plattformen erreicht werden, als ältere. Zudem sollten die Ziele auf das eigene Handeln angepasst sein, denn es erfordert ein anderes auftreten bei Kunden die sehr aktiv im Netz sind, als bei welchen die eher passiv im Internet unterwegs sind.[232]

Danach wird die Strategie der Social Media Maßnahmen festgelegt. „Dabei spielen unternehmerische Voraussetzungen wie Personalaufwand, Kompetenzen im Umgang mit Social Media und generell die Frage, ob die Firma für Social Media bereit ist, eine Rolle."[233] Erfahrungsgemäß ist ein aktiver strategischer Ansatz für das Social Media Marketing geeignet. Demzufolge werden die Kunden direkt über verschiedene Kanäle angesprochen oder in einen Produktionsprozess mit eingebunden. Die Kommunikation der Mitarbeiter nach außen und die Verantwortlichen jeder Abteilung werden durch Social Media Guidelines (sog. Kommunikations-Handbuch) geregelt.[234]

Zum Schluss werden die geeigneten Technologien ausgewählt, um mit den Kunden ins Gespräch zu kommen. Sofern unterschiedliche Social Media Typen bedient werden sollen, müssen auch unterschiedliche Tools verwendet werden. Je nach Zielgruppe und Tool, wird der Kundendialog anders ausfallen. Generell sollten die Social Media Aktivitäten zum Unternehmen passen.[235]

Ein weiteres Modell zur Entwicklung einer SM-Strategie ist das „7C-Modell". Dieses geht im Vergleich zum „POST-Framework-Modell" etwas mehr in die Tiefe und erarbeitet die Strategie anhand von sieben Leitfragen.[236]

---

[231] Vgl. Beilharz, 2012, S.52
[232] Vgl. Bannour & Grabs, 2011, S.60ff.
[233] Bannour & Grabs, 2011, S.66
[234] Vgl. Bannour & Grabs, 2011, S.66f.
[235] Vgl. Bannour & Grabs, 2011, S.88
[236] Vgl. Beilharz, 2012, S.53

Abbildung 7: 7C-Modell zur Strategie-Entwicklung (Quelle: Lange, 2012)

Strategische Plattform	Implementierung		Wertschöpfung	
1. Contribution	2. Context	3. Contact	4. Content	5. Connection	6. Conversation	7. Conversion

Der erste Teil befasst sich dabei mit den zu erreichenden Zielen und stellt fest, wo die Chancen und Risiken liegen. Der zweite Teil trifft eine Aussage zu den Themen, die für das Unternehmen relevant sind. Im dritten Punkt werden die Zielgruppen festgelegt und zusätzlich wird eine Vorauswahl getroffen, auf welchen Kanälen diese erreicht werden. Der vierte Punkt befasst sich mit den Inhalten, die das Unternehmen preisgibt, um damit für seine Zielgruppe interessant zu wirken. Im fünften Teil steht die Vernetzung der einzelnen Kanäle im Vordergrund, um somit möglichst viele zeitliche Ressourcen beizubehalten. Die Kommunikationsart seitens des Unternehmens wird im sechsten Punkt behandelt. Dabei wird vor allem festgehalten, wie das Unternehmen mit Kritik umzugehen hat. Im letzten Teil werden schließlich die Erfolgsmaßnahmen definiert.[237]

Die „ZEMM-MIT-Methode" eignet sich ebenfalls hervorragend, um dem Unternehmen einen Entwicklungsanstoß für eine umfassende SM-Strategie zu geben.

Abbildung 8: ZEMM-MIT-Modell (Quelle: Stuber, 2012)

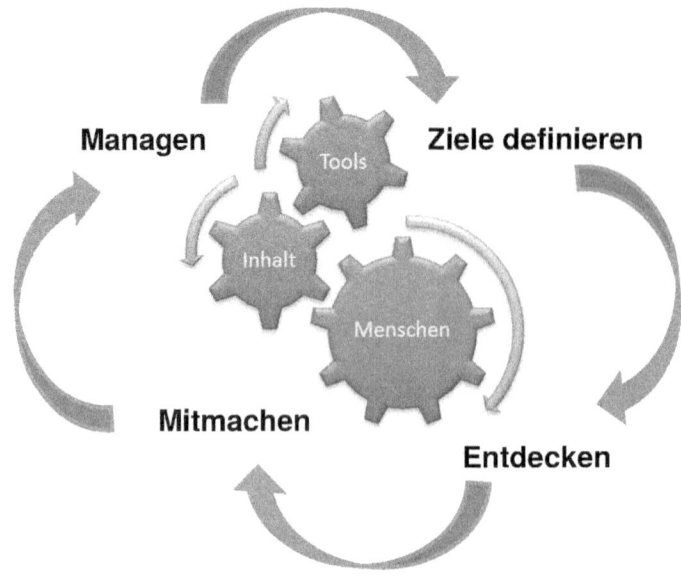

---

[237] Vgl. Beilharz, 2012, S.53

Der Name der Methode steht für die Anfangsbuchstaben der zentralen Bestandteile des Modells. So definiert das „Z" die Ziele, welche auch in diesem Modell die Grundlage der Strategie bilden. Das „E" steht für Entdecken im Sinne einer Standortbestimmung zu den aktuellen Gesprächsverläufen im Social Web. Weiter ruft das „M" das Unternehmen zum Mitmachen auf, um demzufolge eine Präsenz in den entsprechenden Kanälen aufzubauen. Das zweite „M" sorgt für das Managen, also das Auswerten von Kennzahlen und das Beobachten der Diskussionen (Monitoring) im sozialen Web.

Des Weiteren beschreibt das Modell die drei zentralen Aspekte der Strategie. Demzufolge steht das „M" für die Menschen, die zum einen als Mitarbeiter für die Pflege der einzelnen Kanäle verantwortlich sind und zum anderen die Kunden, die durch die sozialen Medien angesprochen werden sollen. Das „I" stellt die Inhalte dar, auf die es ankommt, um die Zielgruppe mit interessanten Angeboten zu versorgen. Schlussendlich steht das „T" für die Tools, die vom Unternehmen sorgfältig ausgewählt werden müssen, damit die Zielgruppe auch erreicht werden kann.

Es wird deutlich, dass sich die einzelnen Elemente ähneln, obwohl die Modelle unterschiedliche Bezeichnungen haben. Dennoch gilt für jedes Unternehmen die für sich erfolgversprechende SM-Strategie auszuwählen und diese in die Praxis umzusetzen.[238] Hierfür wird im Folgenden ein Beispiel zur Umsetzung einer Social Media Strategie in chronologischer Reihenfolge beschrieben.

Für jede Strategie ist es entscheidend, eine Ausgangsbasis zu definieren. Daher beginnt diese immer erst mit einer Analyse der Ausgangssituation. Daraus folgt eine Analyse der Ist-Situation, der bereits stattfindenden Gespräche, über das Unternehmen, die Marke oder andere relevante Themen im Social Web.[239] Dafür eignet sich besonders das Social Media Monitoring, welches im Verlauf dieser Arbeit schon kurz erwähnt wurde. Dieses ist ein extrem wichtiger Teil einer erfolgreichen SM-Strategie. Das Monitoring meint das Überwachen der Diskussionen im Social Web. Für einen richtigen Start des Social Media Engagements liefert es wichtige Fakten zum Nutzerverhalten im Internet. Des Weiteren wird mit dem Social Media Monitoring geprüft, ob alle Ziele in Social Media erreicht wurden. Demzufolge ist eine Nutzung des Monitorings zwingend erforderlich.[240] Einen weiteren wesentlichen Bestandteil der Ist-Analyse wird durch die bereits vorgestellte SWOT-Analyse dargestellt. Als nächstes ist eine genaue Analyse und Definition der Zielgruppen erforderlich. Dabei kann es sich um eine Kombination aus aktiven Nutzern, Kritikern, Vernetzern, Zuschauern und Inaktiven handeln.[241] Der darauffolgende Bestandteil der SM-Strategie ist die Definition der Ziele. Diese hängen stark von der Vorgehensweise und der einzusetzenden Maßnahmen des Unternehmens ab. Es lassen sich viele verschiedene Ziele verwirklichen, wie z. B. Neukundengewinnung, verbesserte Kundenbindung, Steigerung der Reichweite und Bekanntheit und Verbesserung des Images. Ein wichtiger Punkt in diesem Zusammenhang ist die Messbarkeit der Ziele. Ein Ziel wird erst dann

---

[238] Vgl. Beilharz, 2012, S.54f.
[239] Vgl. Beilharz, 2012, S.56
[240] Vgl. Bannour & Grabs, 2011, S.101
[241] Vgl. Beilharz, 2012, S.61ff.

zu einem Ziel, sofern dieses durch messbare Kenngrößen ermittelt werden kann. Somit muss das Unternehmen dafür sorgen, dass ihre Ziele in Kennzahlen ausgedrückt werden können. Sollten sich nach einiger Zeit die Kennzahlen verbessern, ist dies ein Indikator dafür, dass das Unternehmen auf dem richtigen Weg ist. Sobald die Zielgruppen und die Ziele definiert sind, müssen die Inhalte festgelegt werden, die durch die Social Media Aktivitäten transportiert werden sollen. Die Inhalte sind der zentrale Bestandteil einer SM-Strategie. Es gilt, die Kanäle regelmäßig mit aktuellen Informationen zu befüllen, die so interessant und außergewöhnlich sind, dass die Nutzer zum Weiterleiten, Kommentieren oder Speichern angeregt werden. Beispiele für Inhalte wären Texte, Bilder, Infografiken, Videos und Gewinnspiele.[242] Der nächste Schritt stellt die Ausarbeitung eines groben Redaktions- oder Themenplans dar. Dementsprechend werden vorab festgelegt, welche anstehenden Ereignisse im Jahresverlauf sich besonders für Aktionen in Social Media eignen. Darüber hinaus dient der Redaktionsplan zur Ressourcenplanung, um damit z. B. Urlaubs- oder Krankheitszeiten zu überbrücken.[243] Als letzten wesentlichen Bestandteil der Strategieumsetzung ist die Kosten- und Ressourcenplanung zu nennen. Social Media Marketing ist zwar im Vergleich zu anderen Marketingaktionen sehr günstig, aber dennoch nicht gratis. So fallen evtl. neben den Werbekosten auch Kosten für den Ausbau von Kanälen an, da z. B. das Blog-Layout oder ein schöner Twitter-Hintergrund errichtet werden soll. Darüber hinaus können bei der professionellen Erstellung von Bildern und Videos mögliche Kosten entstehen. Auch die Unterstützung von Grafikdesignern, Programmierern oder Werbeagenturen ist nicht kostenlos. Den größten Kostenfaktor in der Budgetplanung stellen jedoch die Personalkosten dar. Aufgrund der Tatsache, dass Social Media Marketing sehr zeitintensiv ist, werden dafür auch hohe Personalressourcen verlangt. Die genaue Höhe schwankt jedoch in Abhängigkeit von der Unternehmensgröße und -struktur, sowie dem Stellenwert, die dem SMM im Unternehmen zugeteilt wird.[244]

Das nächste Kapitel beschreibt die empirische Untersuchung zur Nutzung von Social Media unter den Kunden der Holländischen Fußballschule. Dabei werden der Aufbau, die Durchführung und die Ergebnisse der Untersuchung dargestellt. Zum Abschluss stehen die Auswirkungen auf die HFS, sowie ein Fazit zur kompletten empirischen Untersuchung in Bezug auf das Social Media Marketing im Mittelpunkt.

5 Empirische Untersuchung unter den Kunden der HFS bezüglich SMM

Da sich die Optimierung der Marketingmaßnahmen mit Social Media auf die HFS beschränkt, schließt die nachfolgende empirische Untersuchung dort an. Dabei handelt es sich um eine Umfrage in Form von Fragebögen, die es möglich machen, die Kundenmeinungen gut widerzuspiegeln. Damit soll ein genauer Einblick gewonnen werden, inwiefern die Kunden der HFS das Internet und soziale Medien nutzen, um hinterher festzustellen, ob sich das SMM auch für die HFS als sinnvoll ereignet.

---

[242] Vgl. Beilharz, 2012, S.66-72
[243] Vgl. Beilharz, 2012, S.75
[244] Vgl. Beilharz, 2012, S.81f.

Zu Beginn dieses Kapitels wird der Aufbau der empirischen Untersuchung genauer betrachtet. Dabei erhält die Vorgehensweise bei der Erstellung der Umfrage, sowie der Teilnahmezeitraum und -umfang besondere Beachtung.

5.1 Aufbau der Untersuchung

Als Mittel für die empirische Untersuchung wurde eine Umfrage zum Nutzungsverhalten mit Social Media, mit insgesamt 19 Fragen, entworfen. Diese beinhaltet symmetrische Fragekategorien und ist in zwei Fragebögen aufgeteilt. Der erste Teil beschränkt sich mit neun Fragen auf das allgemeine Nutzungsverhalten und der zweite Teil bezieht sich auf das direkte Online-Nutzungsverhalten im Zusammenhang mit der HFS. Dieser beinhaltet zehn Fragen. Die Fragebögen wurden mithilfe eines Softwaretools digital verarbeitet und als Umfrage gestaltet. Einen genauen Einblick in die komplette Umfrage ist mithilfe der Abbildungen (B.1 und B.2) im Anhang möglich. Die genaue Reihenfolge der beiden Fragebögen wurde nicht ohne Grund gewählt. So ist es von Vorteil, wenn zu aller erst ein Überblick gewonnen wird, wie oft die Kunden der HFS im Internet aktiv sind und wie sie zu der Nutzung von sozialen Medien stehen, bevor speziell auf die Nutzung und das Potenzial von Social Media Plattformen der HFS eingegangen wird.

Die Umfrage stand vom 01.06.2014 bis zum 30.06.2014 online zur Verfügung. Die Sprache der Umfrage war deutsch. Die potenziellen Teilnehmer wurden per E-Mail über die digitale Umfrage informiert, über den Ablauf aufgeklärt und innerhalb der E-Mail direkt zur Befragung weitergeleitet. Zugleich konnte der aktuelle Stand jederzeit über das Softwaretool überwacht werden. Aufgrund der Tatsache, dass in den ersten beiden Wochen die Teilnehmerzahl sehr gering war, wurde in der Mitte des Monats (15.06.2014) eine kleine Teilnahmeerinnerung per E-Mail versandt, wodurch sich die Teilnehmerzahl enorm vergrößert hatte. Befragt wurden ausschließlich Kunden aus den Jahren 2013 und 2014 und per Zufallsprinzip ausgewählt. Dabei handelte es sich überwiegend um aktuelle Kunden, aber auch um ehemalige, welche aus verschiedenen Gründen die Angebote der HFS nicht mehr kaufen.

Im Großen und Ganzen hätte die Teilnehmerzahl höher sein können. Obwohl versucht wurde, den Umfrageteilnehmern einen Eindruck von materiellen und immateriellen Vorteilen zu vermitteln. Aus diesem Grund war es wertvoll, den Kunden im Vorfeld der Umfrage deutlich zu machen, dass jede Meinungsäußerung zur Optimierung der Marketingmaßnahmen beiträgt. Zudem war ebenfalls bedeutungsvoll, dass die komplette Umfrage völlig anonym durchgeführt wurde. Dies ist insofern sehr wichtig, da die Teilnehmer erfahrungsgemäß nur dann ihre freie Meinung äußern, wenn sie über komplette Anonymität verfügen. Insgesamt wurden die beiden Fragebögen an 150 Kunden versendet. Davon haben 94 eine vollständige Beantwortung vorgenommen. Sechs haben die Fragebögen nur unvollständig ausgefüllt und weitere 50 erst gar nicht an der Umfrage teilgenommen.

Im weiteren Verlauf dieses Kapitels werden natürlich die Ergebnisse der Untersuchung dargestellt. Doch zuvor müssen dafür die Bestandteile einer effektiven Analyse erläutert werden.

5.2 Durchführung der Analyse

Um eine gute und sinnvolle Analyse der Umfrage durchzuführen, gilt es einige elementarische Dinge zu beachten. Hierbei ist zu allererst festzulegen, welche Zielstellung mit der Umfrage verfolgt werden soll. Anhand dieser kann ermittelt werden, auf welche Fragen der Fokus gelegt wurde.

Die Umfrage besitzt das Ziel, das Nutzungsverhalten der Internetnutzer unter den Kunden der HFS zu untersuchen. Mit der Auswertung der Fragebögen soll deutlich werden, ob es sich lohnt aktiv Social Media Marketing zu betreiben, um somit z. B. eine verbesserte Kundenbindung oder Neukundengewinnung zu verzeichnen. Des Weiteren soll erkenntlich werden, welche Social Media Plattformen von den Kunden bevorzugt genutzt werden, um auf diesen entweder aktiv oder passiv mitzuwirken.

In den Ergebnissen der Untersuchung werden alle Antworten in Form von Diagrammen visualisiert. Dadurch können interessante Erkenntnisse gewonnen und leichter erkannt werden. Außerdem wurden die Fragen in symmetrischer Anordnung konzipiert. Dies vereinfacht das Verständnis während der Auswertung und ist damit ein wesentlicher Bestandteil der Analyse.

Schlussendlich sollen durch die Analyse der Untersuchung Umsetzungsmöglichkeiten für die HFS schneller erkannt werden und demnach das vorhandene Potenzial aufzeigen.

Den Anschluss an dieses Unterkapitel stellt nun die zuvor beschriebene Darstellung der Ergebnisse der Untersuchung.

5.3 Ergebnisse der Untersuchung

In diesem Unterkapitel stehen die Ergebnisse der Untersuchung im Vordergrund. Dabei werden vor allem beide Fragebögen separat ausgewertet, bevor sich ein erstes Fazit zur Akzeptanz von Social Media seitens der Kunden bilden lässt. Anschließend können die Auswirkungen auf die HFS sichtbar gemacht werden, um danach ein abschließendes Fazit zur kompletten empirischen Untersuchung abgeben zu können.

Den Anfang bildet das allgemeine Nutzungsverhalten der Internetuser in Bezug auf Social Media.

5.3.1 Allgemeines Nutzungsverhalten

Im Folgenden werden die Ergebnisse des Fragebogens zum allgemeinen Nutzungs-verhalten, in Verbindung mit dem Internet, kurz und prägnant dargestellt. Eine aus-führliche Darbietung aller Befragungsergebnisse befindet sich im Anhang (B.1).

Die Häufigkeit der Internetnutzung unter den Befragten macht deutlich, welchen enormen Stellenwert das Internet in der heutigen Zeit besitzt.

Abbildung 9: Häufigkeit der Internetnutzung

Wie häufig benutzen Sie pro Woche das Internet?

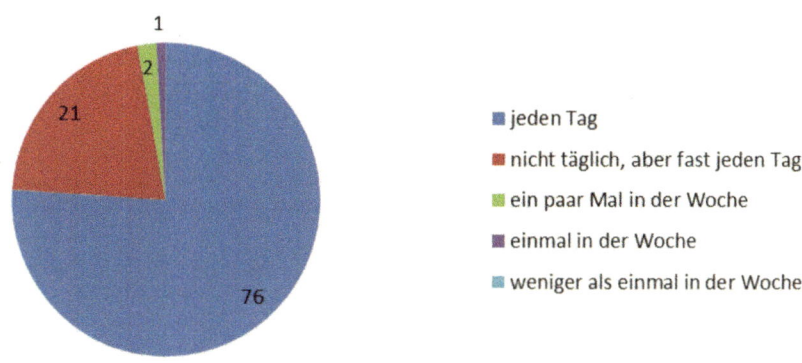

Von den insgesamt 100 Teilnehmern sind 76 jeden Tag, 21 nicht täglich, aber fast jeden Tag, zwei ein paar Mal in der Woche, ein Teilnehmer einmal in der Woche und keiner weniger als einmal in der Woche im Internet aktiv.

Bei der durchschnittlichen Länge der Onlineaktivität während eines Besuchs im In-ternet, antwortete fast die Hälfte (44) aller Teilnehmer, dass sie ein bis zwei Stunden online sind. 28 sind sogar nur weniger als eine Stunde online. Dagegen haben 14 Befragte geantwortet, dass sie sogar mehr als vier Stunden im Internet Aktivitäten zeigen. Weitere 14 schwanken zwischen zwei bis vier Stunden.

Die Nutzung der folgenden Social Media Plattformen wurden im Rahmen des Frage-bogens erfragt: Soziale Netzwerke, wie Facebook, Twitter und YouTube, Blogs, Fo-ren, Social Bookmarking und andere Plattformen.

Abbildung 10: Nutzung von Social Media Plattformen

Welche der folgenden Social Media Plattformen nutzen Sie?

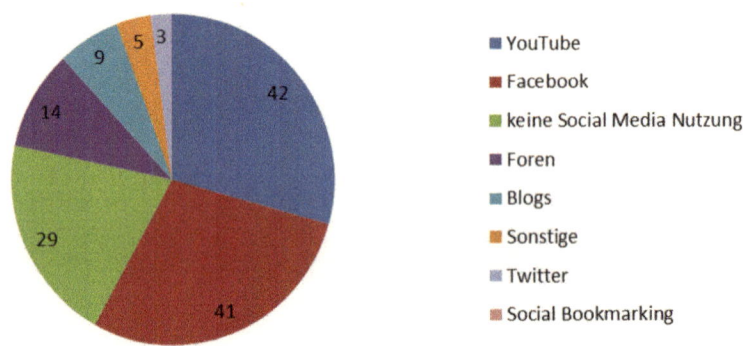

Bei dieser Frage waren Mehrfachnennungen möglich. Die Nutzung von sozialen Netzwerken scheint durchaus beliebt, denn es gaben 42 Befragte an YouTube zu nutzen und 41 auf Facebook aktiv zu sein. Jedoch gab es auch 29 Angaben, bei denen keine Social Media Nutzung stattfindet. Des Weiteren sind fast ein viertel aller Befragten auf Foren oder Blogs anzutreffen. Die Nutzung von Social Bookmarking dagegen findet unter den Befragten keine Anwendung. Bei der darauffolgenden Frage, wie oft diese Social Media Plattformen genutzt werden, verteilen sich die Antworten sehr gleichmäßig, wodurch mit 28% die Nicht-Nutzung von Social Media Plattformen die stärkste Antwort darstellt. 26% nutzen diese Plattformen weniger als einmal in der Woche. Jedoch sind 22% auch täglich aktiv. Daraus folgt, dass zusammengefasst 40% mindestens ein paar Mal in der Woche auf Social Media Plattformen online sind.

Auf die Frage, ob in sozialen Netzwerken eine Werbeanzeige angeklickt wird, haben 74 Personen mit „eher nicht" geantwortet und nur sieben würden dies schon tun. 13 Befragte enthielten sich. Des Weiteren finden mehr als die Hälfte es nicht gut in sozialen Netzwerken über Angebote und Ereignisse von Unternehmen informiert zu werden. Nur 16 Personen befürworten diesen Weg. Weitere 23 enthielten sich bei dieser Frage. Ebenfalls mehr als die Hälfte der befragten Leute wollen Unternehmen in sozialen Netzwerken, Blogs oder Foren nicht weiterzuempfehlen. Diese Art der Anerkennung für ein Unternehmen begrüßen nur 15 Personen. Knapp ein Drittel der Befragten wollten sich bei dieser Frage für keine Seite entscheiden. Bei der Frage, wie die Teilnehmer des Fragebogens zur Teilnahme an Gewinnspielen von Unternehmen auf Facebook stehen, war eine Einigkeit zu erkennen. Über dreiviertel der Befragten lehnen dies strikt ab. Nur vier Personen werden von solchen unternehmerischen Maßnahmen angesprochen. Weitere zehn haben hierzu keine Angabe gemacht.

Die letzte Frage des Fragebogens, ob auf irgendeiner Homepage eines Unternehmens ein kostenloser „RSS-Feed" abonniert worden ist, verneinten knapp 68% der Teilnehmer. Jedoch nutzen ca. 17% bereits diesen neuartigen Weg der Informationsbeschaffung. Knapp 15% enthielten sich bei dieser Frage.

Im nächsten Unterkapitel werden die Ergebnisse des anderen Fragebogens übersichtlich erläutert.

5.3.2 Gezieltes Nutzungsverhalten bezüglich der HFS

Dieses Unterkapitel stellt die Ergebnisse des Fragebogens zum Nutzungsverhalten im Umgang mit sozialen Medien bezüglich der HFS dar. Diese werden wie im Fragebogen zuvor in ausführlicher Weise im Anhang (B.2) abgebildet.

Auf die Frage, wie oft die Internetseite der HFS besucht wird, antworteten 83% der Befragten, dass sie weniger als einmal in der Woche darauf zugreifen. Weitere 15% haben die Homepage der HFS sogar noch nie besucht. Nur 2% der Teilnehmer sind mindestens einmal in der Woche auf der Webseite online. Keiner der Befragten ist täglich auf der Internetseite der HFS aktiv.

Abbildung 11: Aktivität auf der Internetseite der HFS

Die durchschnittliche Besuchsdauer auf der Webseite der HFS, liegt für etwas über die Hälfte aller Befragten bei zwei bis zehn Minuten. Neben denjenigen, die die Internetseite noch nie besucht haben, sind weitere 15% unter zwei Minuten auf der Homepage der HFS aktiv. Die anderen 15% ziehen es vor, länger als zehn Minuten nach Informationen, Angeboten oder Neuerungen auf der HFS-Homepage zu suchen.

Bei der Frage, ob für die Befragten eine Nutzung von Social Media Plattformen der HFS infrage kommen würde, sind knapp 68% nicht der Meinung. Jedoch würden fast ein viertel der Befragten diese Plattformen nutzen wollen. Weitere knapp 16% enthielten sich bei dieser Frage. Auch das Anklicken von Werbeanzeigen der HFS in sozialen Netzwerken unterstützen fast 63% nicht. Knapp 22% der Befragten jedoch würden auf diesen Weg die HFS unterstützen. Bei dieser Frage waren wieder fast 16% unsicher und wollten sich für keine der beiden Möglichkeiten entscheiden. Die Chance über soziale Netzwerke auf Angebote und Ereignisse der HFS hingewiesen zu werden, lehnen ca. 65% kategorisch ab. Demgegenüber sind knapp 18% dafür, dass sie auf diesem Weg informiert werden. Weitere 18% enthielten sich.

Bei der Frage, ob die Teilnehmer die HFS in sozialen Netzwerken, Blogs oder Foren weiterempfehlen würden, geht die Meinung der Befragten auseinander. Knapp 37% haben dies in Zukunft nicht vor, andere 35% würden jedoch eine Empfehlung mithilfe dieser sozialen Medien aussprechen. Bei dieser Frage waren fast ein drittel aller Befragten unsicher und wollten hierzu keine Stellung beziehen. Die Möglichkeit der Einführung eines „RSS-Feeds" auf der Homepage der HFS befürworten nur knapp 19%. Demgegenüber ist fast die Hälfte der Teilnehmer in diesem Fall dagegen. Auch hier enthielten sich ca. ein drittel aller Befragten.

Die relativ neuartige „offizielle Seite" von der HFS auf Facebook haben bereits 16% der Befragten entdeckt. Demzufolge kennen knapp 84% diese Unternehmensseite nicht. Eine starke Ablehnung (ca. 68%) erfährt die Umsetzung von Gewinnspielen auf der „offiziellen Facebook-Seite" der HFS. Demgegenüber unterstützen nur knapp 9% diese neue Maßnahme. Fast 23% wollten sich hierzu nicht äußern. Zudem wurde im Rahmen des Fragebogens erfragt, welche Social Media Plattformen bevorzugt werden, um die Neuigkeiten der HFS zu verfolgen. Dabei standen zum einen soziale Netzwerke, wie Facebook, Twitter und YouTube zur Auswahl und zum anderen Blogs, Foren und sonstige Plattformen. Hierbei waren Mehrfachnennungen zulässig.

Abbildung 12: Nutzung von Social Media Plattformen bezüglich Informationsbeschaffung von der HFS

Mit welchen der folgenden Social Media Plattformen würden Sie die Neuigkeiten der Holländischen Fußballschule aktiv verfolgen?

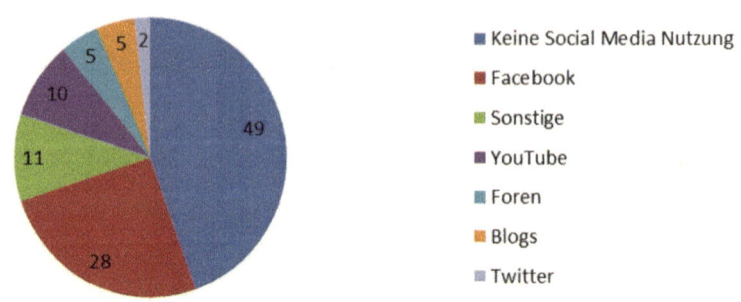

Etwas weniger als die Hälfte aller abgegebenen Antworten stellen eine Nicht-Nutzung von Social Media dar. Das soziale Netzwerk, Facebook, ist mit 28 Stimmen, die meistgenannte Social Media Plattform. Darüber hinaus sind ca. ein drittel aller Antworten auf sonstige Plattformen, YouTube, Foren, Blogs und Twitter verteilt. Somit stellen die Antworten von über die Hälfte aller Befragten Möglichkeiten dar, um über soziale Medien Neuigkeiten der HFS zu erhalten.

Im nachfolgenden Unterkapitel, wird die Umfrage punktuell analysiert. Dabei steht besonders die Akzeptanz von Social Media seitens der Befragten im Mittelpunkt. Außerdem ist ein zentraler Bestandteil, wie sich das SMM auf die Befragten auswirkt.

5.3.3 Akzeptanz und Wirkung von Social Media

Ein wesentlicher Bestandteil im Nachhinein einer Umfrage ist die Analyse der Ergebnisse. Aus diesem Grund wird im Folgenden erklärt, wie der umfassende Bereich der sozialen Medien von den Befragten aufgenommen wurde.

Durch den immens hohen Anteil des wöchentlichen Internetkonsums von den einzelnen Befragten, entsteht die Möglichkeit mithilfe von Social Media alle Umfrageteilnehmer zu erreichen. Dennoch ist die Ausprägung der Nutzung von allgemeinen Social Media Plattformen zunächst schwächer als angenommen. Etwas weniger als ein drittel aller Umfrageteilnehmer nutzen noch keine sozialen Medien. Die Gründe hierfür sind sehr vielseitig. Allerdings gibt die Entwicklung von sozialen Medien Anzeichen dafür, dass in Zukunft die Nutzung dieser Anwendungen weiter steigen wird. Dieses wurde bereits in Kapitel 2.1 detailliert behandelt. Nichtsdestotrotz muss der aktuelle Stand betrachtet werden und dieser besagt, dass fast die Hälfte aller Befragten mindestens einmal in der Woche auf Social Media Plattformen aktiv sind. Dabei werden die unterschiedlichsten Plattformen benutzt. Am häufigsten werden soziale Netzwerke, wie Facebook und YouTube genutzt, die damit die größte Wirkung aller sozialen Medien erzielen. Diese werden von knapp 60% aller Teilnehmer verwendet. Wenn hierzu noch die Nutzung der Foren hinzugezählt wird, ergibt das eine Nutzung von ca. 68%. Insgesamt liegt die Nutzung von Social Media Plattformen, unter Einbeziehung aller Angaben der Befragten, bei 80%. Dies lässt eine hohe Akzeptanzquote von Social Media deutlich werden. Demgegenüber erscheint eine Nicht-Nutzung von sozialen Medien mit 20% sehr gering und stellt damit ein gutes Ergebnis dar, um Social Media zielgenau im Unternehmen einzusetzen. Diese haben somit eher eine positive Wirkung auf die Umfrageteilnehmer.

Eine Akzeptanz von Social Media Plattformen, die direkt von der HFS betrieben werden, erscheint aufgrund der kleinen Anzahl von Befürwortern sehr gering. Nur 16 Befragte würden diese Plattformen nutzen. Das entspricht knapp 20% aller Umfrageteilnehmer, sofern die enthaltenden Stimmen ausgeklammert werden. Dies kann viele Gründe haben. Entweder sind die Befragten mit der aktuellen Informationsbeschaffung voll und ganz zufrieden oder das Gegenteil ist der Fall, indem die Teilnehmer als Kunden der HFS unzufrieden sind. Es kann jedoch auch daran liegen, dass es für die Befragten nur schwer vorstellbar ist, dass die HFS bald soziale Medien nutzen könnte, da bis dato das Unternehmen diese Form der Online-Marketingmaßnahmen komplett abgelehnt hat. Auch die Skepsis, die neue Maßnahmen hervorrufen können, kann bei den Befragten zu dieser geringen Akzeptanz der Social Media Plattformen der HFS geführt haben. Dennoch würden ca. 35% die sozialen Netzwerke, wie Facebook und YouTube nutzen wollen, um die Neuigkeiten der HFS auch in Social Media aktiv zu verfolgen. Wenn in diesem Zusammenhang alle Angaben zu den Social Media Plattformen berücksichtigt werden, akzeptieren ca. 56% diese Social Media Marketingmaßnahmen. Gleichzeitig ist anzunehmen, dass von den Nicht-Nutzern der sozialen Medien einige in nächster Zeit erste Erfahrungen mit Social Media sammeln werden, da immer mehr Leute diesem Trend von Jahr zu Jahr nachgehen. Dieses ist bereits statistisch belegt, wie in Kapitel 2.1 dargelegt wurde. Allerdings würden auch knapp 10% es befürworten, wenn die alten Online-Marketingmaßnahmen beibehalten und nicht von den sozialen Medien verdrängt werden.

Als nächstes werden gesondert die Auswirkungen auf die HFS aufgezeigt, die durch die Nutzung von Social Media entstehen können. Auch hierbei wird die Umfrage direkt miteinbezogen, um konkrete Aussagen zu treffen.

5.3.4 Auswirkungen auf die Holländische Fußballschule

Aus der Umfrage geht hervor, welche Social Media Plattformen von den Teilnehmern genutzt werden. Aus diesem Grund gilt für die HFS, sich auf die am Häufigsten genutzten Plattformen zu spezialisieren und im Vorfeld abzuwägen, bei welchen sich der Aufwand nicht lohnen würde, sofern sich dafür entschieden wird aktiv Social Media zu betreiben. Bei der anschließenden aktiven Umsetzung der geeigneten Social Media Plattformen, müssen die jeweils zutreffenden Anweisungen aus den einzelnen Unterpunkten aus dem bereits beschriebenen vierten Kapitel beachtet werden, um somit einen maximalen Erfolg erreichen zu können. Zugleich ist festzuhalten, dass normalerweise durch eine aktive Social Media Präsenz kein Kundenverlust zu erwarten ist. Im Gegenteil, diese Optimierung der Marketingmaßnahmen führt im besten Fall sogar zu einer Kundengewinnung. Aufgrund der Ergebnisse der Umfrage, sollte aber dennoch neben einer gesteigerten Social Media Aktivität an den alten Methoden der Online-Marketingmaßnahmen festgehalten werden. Somit werden die bestehenden Kunden, die z. B. nicht über die sozialen Medien Angebote und Ereignisse oder auch keine Werbeanzeigen der HFS in Social Media bekommen wollen, genauso zufrieden gestellt, wie die Kunden, die sich mit Social Media angesprochen fühlen. Zusätzlich bietet sich die Möglichkeit eine Anlaufstelle für neue Kunden zu schaffen. Dennoch braucht eine solche Social Media Präsenz ausreichend Zeitreserven und Mitarbeiterkapazitäten. Fakt ist, dass diese zurzeit innerhalb des Unternehmens nicht vorhanden sind. Aus diesem Grund muss zu erst für genügend Mitarbeiterressourcen gesorgt werden, bevor das Social Media Angebot der HFS erweitert werden kann. Hierfür müssen neue Arbeitskräfte für die Pflege des SMM eingestellt werden. Dies hat zur Folge, dass ein höheres Budget erforderlich ist, als bei anderen Online-Marketingmaßnahmen. Allerdings besteht dadurch auch die Möglichkeit einen höheren Kundenstamm zu erhalten, wodurch auch demzufolge der Umsatz steigt. Es wird also deutlich, dass das SMM sowohl Vorteile als auch Nachteile mit sich zieht. Da dies aber bei allen Marketingmaßnahmen der Fall ist, ist es durchaus sinnvoll, dass die HFS ihre Social Media Aktivitäten weiter gezielt vertieft.

Um das fünfte Kapitel abzuschließen wird im nachfolgenden Unterkapitel ein Fazit zur gesamten empirischen Untersuchung aufgestellt.

5.3.5 Fazit zur empirischen Untersuchung in Bezug auf SMM

Zusammenfassend ist zur Umfrage als erstes zu sagen, dass die Teilnehmerzahl deutlich höher hätte ausfallen können. Trotzdem fällt die Teilnahmequote mit fast 67% akzeptabel aus, wobei davon nur ca. 63% die Umfrage vollständig beantwortet haben. Da die Durchführung von Verlosungen in den sozialen Medien auf starke Ablehnung bei den Befragten gestoßen ist, ist anzunehmen, dass den Teilnehmern ein immaterieller Vorteil wichtiger erscheint. Somit konnte den Befragten verdeutlicht werden, dass die Teilnahme an der Umfrage eine Optimierung der Marketingmaßnahmen der HFS hervorruft und darin einzelne Meinungen von jedem Kunden einfließen. Dieses Mitspracherecht der Kunden ist ein wesentlicher Bestandteil der interaktiven Welt des Internets. Gleichzeitig wird somit ein enger Kontakt zu den Kunden gepflegt, wodurch eine Kundenzufriedenheit und -bindung erreicht werden kann. Als kritisch zu betrachten ist, dass die Umfrage nicht ausschließlich mit aktuellen Kunden durchgeführt wurde. Demzufolge hätte die Teilnahmequote höher ausfallen können, da aktuelle Kunden am Wohl des Unternehmens mehr liegt, als ehemaligen unzufriedenen Kunden. Damit kann auch zusammenhängen, dass die Ergebnisse des allgemeinen Nutzungsverhaltens etwas positiver ausfallen, als die Ergebnisse des Nutzungsverhaltens bezüglich der HFS.

Die Fragen innerhalb der empirischen Untersuchung wurden so gewählt, dass zum einen detaillierte Aussagen zur Internet- und Social Media Nutzung, sowie zum anderen im Nachhinein genaue Auswirkungen auf die HFS, festgestellt werden können. Die vorliegende Studie lässt die Schlussfolgerung zu, dass Social Media als relativ neues und zukunftsträchtiges Internetmedium enormes Potenzial besitzt, um damit neue Online-Marketingmaßnahmen zu betreiben. Des Weiteren ist innerhalb der Umfrage zu erkennen, dass alle Leute im Internet sehr stark aktiv sind. Aufgrund der Tatsache, dass viele Social Media Anwendungen erst vor kurzer Zeit entwickelt wurden und somit noch nicht den Bekanntheitsgrad besitzen wie andere Anwendungen, ist anzunehmen, dass in naher Zukunft auch die Personen damit konfrontiert werden, die soziale Medien zurzeit noch nicht aktiv nutzen. Außerdem werden immer mehr Internetaktivitäten mit Social Media verbunden, womit zwangsläufig die Chancen steigen, bald im Internet nicht mehr ohne soziale Medien auszukommen. Für die HFS sollte das bedeuten, auch in den „Pool" der Unternehmen einzusteigen, die Social Media neben den anderen Marketingmaßnahmen benutzen.

6. Schlussbetrachtung und Ausblick

Im Verlauf dieser Arbeit wurde des Öfteren deutlich, dass es keinen „Vorzeigeweg" für die Optimierung von Marketingmaßnahmen mit Social Media gibt. Allerdings wird eine Vielzahl von Anwendungsmöglichkeiten vorgegeben, die eine solche Optimierung hervorrufen. Hierfür muss jedes Unternehmen selbst herausfinden, welche Marketingmaßnahmen im Social Media Bereich für einen am effektivsten sind. „Auf die Unternehmensgröße kommt es hierbei nicht an, da Social Media keine kostspieligen TV- oder Radio-Schaltungen beinhaltet."[245] Die Kunden nutzen Social Media als Informationsquelle und erhalten somit einen Marktüberblick über Dienstleistungen oder Produkte. Das Social Media Marketing von Unternehmen ermöglicht die wichtigsten Meinungsführer zu erreichen. Des Weiteren besitzt das SMM weitere Potenziale, wie die Verbesserung der Besucherzahlen der Firmenwebsite, die Steigerung der Markenbekanntheit, den Aufbau und die Pflege eines positiven Images und zudem das Helfen bei der Akquise von Kunden. Social Media eröffnet also große Chancen, insbesondere für kleine und mittelständische Unternehmen mit kleinem Budget, da die Nutzung der meisten Social Media Anwendungen kostenlos ist.[246] Als kleines Unternehmen bestehen diese Chancen auch bei der HFS. Aufgrund der positiven Erfahrungen, die das Unternehmen im Zusammenhang mit den ersten Schritten in sozialen Medien gesammelt hat, sind weitere Aktivitäten anzunehmen. Hierfür wurden im vierten Kapitel zahlreiche mögliche Plattformen vorgestellt. Allerdings benötigt eine vermehrte Aktivität auch weitere personelle Ressourcen, welches zuvor schon kurz erwähnt wurde. Ein Engagement von Unternehmen innerhalb von sozialen Medien hat zunächst Gespräche zur Folge. Damit diese Gespräche schnelllebig stattfinden können, müssen Mitarbeiter dafür eingesetzt werden. Dies verursacht klarerweise entsprechende Personalkosten. Somit muss festgehalten werden, dass Social Media eine billige Online-Marketingmaßnahme darstellt, aber dennoch nicht kostenlos ist.[247]

Da aus den Ergebnissen der empirischen Untersuchung hervorgeht, dass Online-Marketingmaßnahmen außerhalb von Social Media gerne gesehen sind, sollten diese Maßnahmen aufrechterhalten werden. Dennoch wäre es vielleicht besser gewesen, um ein genaueres Ergebnis der Umfrage zu erzielen, weitere Plattformen als Auswahlmöglichkeiten innerhalb der Fragebögen zur Verfügung zu stellen und nur aktuelle Kunden für die Befragung zu verwenden, sowie das Alter der Teilnehmer zu erfragen. Dies sollte demzufolge in der nächsten Umfrage berücksichtigt werden, um zielorientiertere Aussagen zum Unternehmen treffen zu können.

Nichtsdestotrotz zeigen die neuesten Aktivitäten in Social Media, dass auch diese von den Kunden der HFS erfolgreich angenommen werden. Dazu kommt, dass die Internetnutzung in Zukunft weiter steigen wird, wodurch weitere Möglichkeiten für Online-Marketingmaßnahmen bestehen. Folglich besitzt die HFS gute Chancen, die bestehenden Kunden über soziale Medien zu halten und gleichzeitig neue Kunden anzusprechen. Für die Zukunft ist es nicht möglich eine genaue Aussage über die Entwicklung des Unternehmens zu treffen. Es ist jedoch stark davon auszugehen,

---

[245] Hilker, 2010, S.61
[246] Hilker, 2010, S.61
[247] Vgl. Bannour & Grabs, 2011, S.47

dass die HFS weitere Maßnahmen ergreifen wird, um mithilfe von Social Media dauerhaft erfolgreich zu sein.

Literaturverzeichnis

Literatur

Bannour, K.-P. & Grabs, A. (2011). Follow me (1. Auflage). *Erfolgreiches Social Media Marketing mit Facebook, Twitter und Co.* Bonn: Galileo Computing.

Bartel, R. (2010). Alles Wichtige zu Facebook. Düsseldorf: Data Becker.

Behrendt, J. & Zeppenfeld, K. (2008). Web 2.0. Heidelberg: Springer Verlag.

Beilharz, F. (2012). Social Media Management. *Wie Marketing und PR Social-Media-tauglich werden.* Göttingen: Business Village.

Faber, R. & Schwarz, M. (2011). Social Networks. *So funktionieren Facebook, Xing & Co.* München: Carl Hanser Verlag.

Hilker, C. (2010). Social Media für Unternehmer. *Wie man Xing, Twitter, YouTube und Co. erfolgreich im Business einsetzt.* Wien: Linde Verlag.

Meerman Scott, D. (2012). Die neuen Marketing- und PR-Regeln im Social Web (3. Auflage). *Wie Sie Social Media, Online Video, Mobile Marketing, Blogs, Pressemitteilungen und virales Marketing nutzen, um Ihre Kunden zu erreichen.* Heidelberg: Verlagsgruppe Hüthig-Jehle-Rehm.

Müller, H.-E. (2010). Unternehmensführung. *Strategien – Konzepte – Praxisbeispiele.* München: Oldenbourg Wissenschaftsverlag.

Schwarz, T. (2012). Erfolgreiches Online Marketing (2. aktualisierte Auflage). *Von E-Mailing bis Social Media.* Freiburg: Haufe-Lexware.

Internet-Quellen

Busemann, K. (2013). ARD/ZDF-Onlinestudie 2013. *Wer nutzt was im Social Web, S.3f.* Zugriff am 14. Mai 2014 unter http://www.ard-zdf-onlinestudie.de/index.php?id=439

Frees, B. & van Eimeren, B. (2013). ARD/ZDF-Onlinestudie 2013. *Rasanter Anstieg des Internetkonsums – Online fast drei Stunden täglich im Netz, S.1f.* Zugriff am 14. Mai unter http://www.ard-zdf-onlinestudie.de/index.php?id=439

Hebig, H. (2008). Das Internet der Zukunft: Wohin geht die Reise, S.1f. Zugriff am 13. Mai 2014 unter http://www.neuegegenwart.de/ausgabe57/zukunft.htm

Kreye, B. (2011). Entwicklung des Webs. *Das Web 2.0 – Web der Services, S.26.* Zugriff am 17. Mai 2014 unter http://www.informatik.uni-oldenburg.de/~iug10/sn/files/iug10.pdf

Pospischill, H-T. (2010). Web 2.0, S.15f. Zugriff am 12. Mai 2014 unter http://landjugendshop.de/uploads/tx_ttproducts/datasheet/WB-Internet_Leseprobe_01.pdf

Wiese, J. (2013). Erstmals ganz offiziell: Facebook Nutzerzahlen für Deutschland, S.1f. Zugriff am 21. Juni 2014 unter http://allfacebook.de/zahlen_fakten/erstmals-ganz-offiziell-facebook-nutzerzahlen-fuer-deutschland

Anhang

Die Inhalte des Anhangs lauten:

A. Abbildungen

B. Fragebögen

A. Abbildungen:

A.1 5-Kräfte-Branchenstrukturanalyse der HFS (Quelle: Porter, 1992)

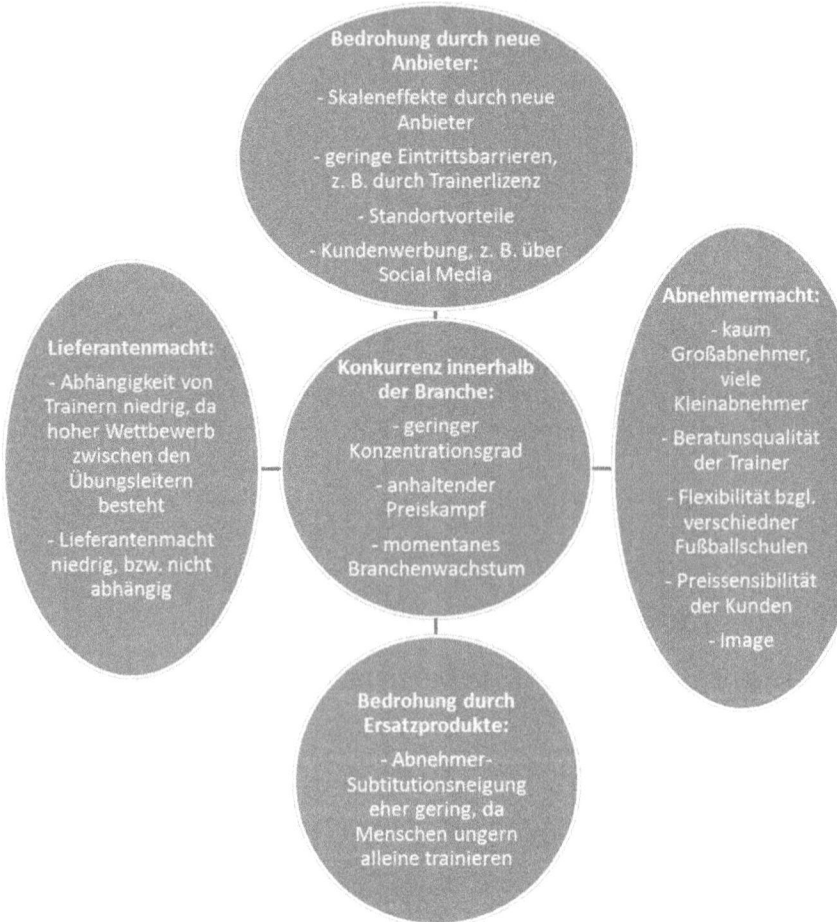

A.2 SWOT-Analyse der HFS (Quelle: Beilharz, 2012)

Strenghts (Stärken):
- Kompetenzen aus verschiedenen Sportbereichen
- Freude und Interesse --> besondere Bezüge zum Sport
- individuelle Mitgestaltung der Zusatzangebote
- Vermittlung von Werten und Normen
- Interessante Themen zum Bereich Fußball

Weaknesses (Schwächen):
- nur ein Geschäft und nur ein Standort --> geringe Ressourcenbasis
- wenig freies Budget
- kleine Produktpalette (nur Fußball)
- viele Amateurfußballvereine als Konkurrenz
- einseitige Marketingmaßnahmen

Opportunities (Chancen):
- Netzwerkarbeit --> Zusammenarbeit mit anderen Fußballschulen
- Kooperation mit Amateurfußballvereinen
- Chance zur Expansion und Diversifikation
- betriebseigene Fußball-Philosophie (STEPRA)
- kostengünstig Aufmerksamkeit erzielen durch Social Media
- Social Media affine Zielgruppe
- Verbreitung von Bild- und Filmmaterial im Internet
- Virale Storys werden weitererzählt

Threats (Risiken):
- andere Vereine/Fußballschulen werben Kunden ab
- geringe Social Media Präsenz
- keine Erfahrung im Unternehmen mit Social Media Strategien
- negatives Feedback
- Aktionen werden nicht angenommen

A.3 Social Media eignen sich für viele Abteilungen im Unternehmen (Quelle: Hilker, 2010)

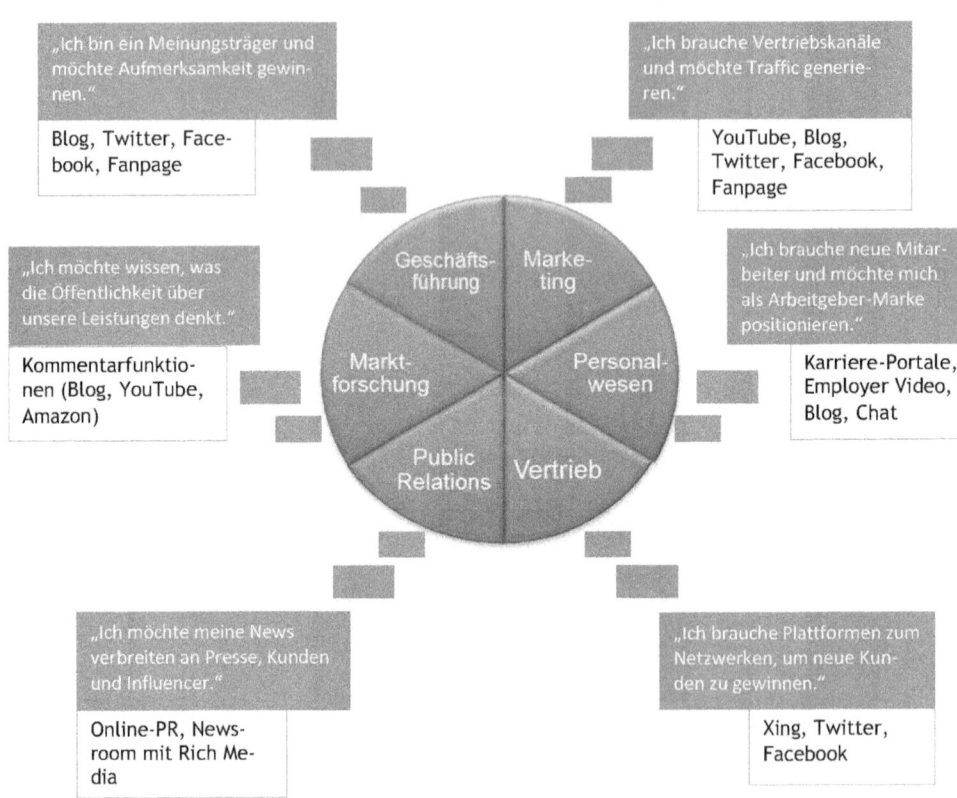

Social-Media-Unternehmen

„Ich bin ein Meinungsträger und möchte Aufmerksamkeit gewinnen."

Blog, Twitter, Facebook, Fanpage

„Ich brauche Vertriebskanäle und möchte Traffic generieren."

YouTube, Blog, Twitter, Facebook, Fanpage

„Ich möchte wissen, was die Öffentlichkeit über unsere Leistungen denkt."

Kommentarfunktionen (Blog, YouTube, Amazon)

„Ich brauche neue Mitarbeiter und möchte mich als Arbeitgeber-Marke positionieren."

Karriere-Portale, Employer Video, Blog, Chat

Geschäftsführung · Marketing · Personalwesen · Vertrieb · Public Relations · Marktforschung

„Ich möchte meine News verbreiten an Presse, Kunden und Influencer."

Online-PR, Newsroom mit Rich Media

„Ich brauche Plattformen zum Netzwerken, um neue Kunden zu gewinnen."

Xing, Twitter, Facebook

A.4 Das Social-Media-Prisma (Quelle: ethority AG, 2012)

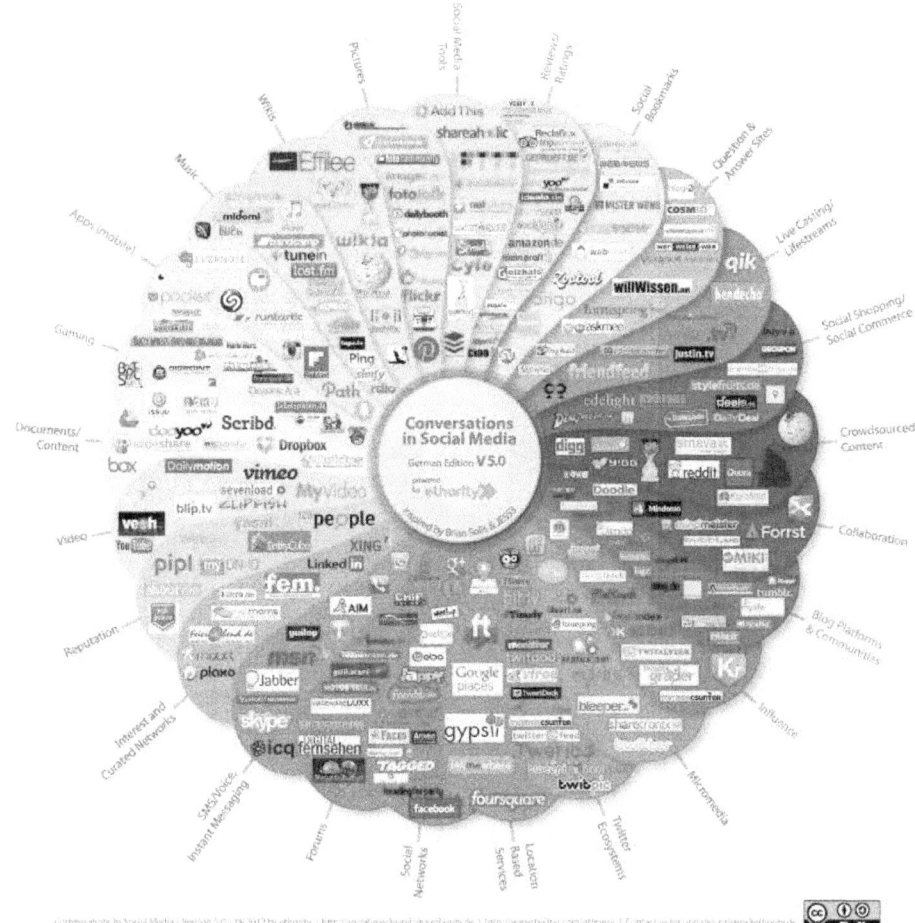

A.5 Social Media Strategie (Quelle: Hilker, 2010)

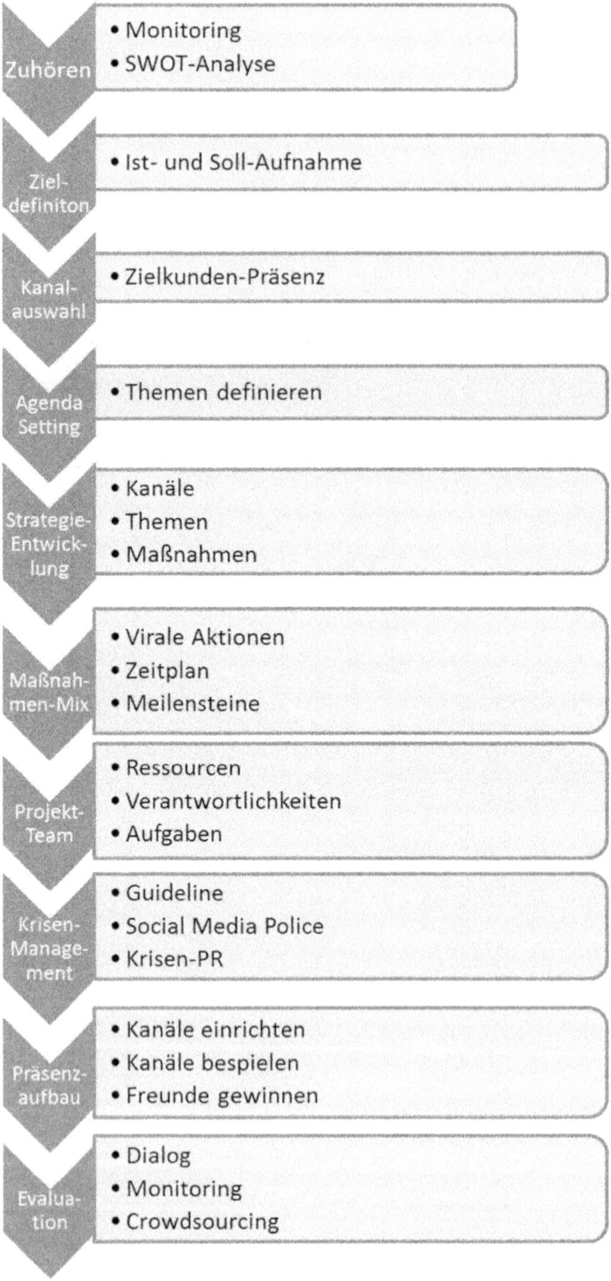

Zuhören
- Monitoring
- SWOT-Analyse

Ziel-definiton
- Ist- und Soll-Aufnahme

Kanal-auswahl
- Zielkunden-Präsenz

Agenda Setting
- Themen definieren

Strategie-Entwick-lung
- Kanäle
- Themen
- Maßnahmen

Maßnah-men-Mix
- Virale Aktionen
- Zeitplan
- Meilensteine

Projekt-Team
- Ressourcen
- Verantwortlichkeiten
- Aufgaben

Krisen-Manage-ment
- Guideline
- Social Media Police
- Krisen-PR

Präsenz-aufbau
- Kanäle einrichten
- Kanäle bespielen
- Freunde gewinnen

Evalua-tion
- Dialog
- Monitoring
- Crowdsourcing

B.1 Fragebogen I

Allgemeines Nutzungsverhalten unter den Kunden bezüglich Social Media

Liebe Sportfreunde,

ich studiere zurzeit an der Fachhochschule für Sport & Management in Potsdam dual den Studiengang Sportmanagement. Ich bin jetzt im 6. Semester und schreibe gerade meine Bachelorarbeit. Dafür mache ich eine Umfrage zum Nutzungsverhalten mit Social Media unter den Kunden der Holländischen Fußballschule. Das Ziel dieser Umfrage ist, ein kundenfreundliches Social-Media-Konzept für die Holländische Fußballschule zu entwickeln.

Es wäre super, wenn Sie sich ca. fünf Minuten Zeit nehmen würden und die Umfrage bis spätestens zum 30.06.2014 bearbeitet, da ich dies für den Abschluss meines Studiums benötige. Bitte beachten Sie, dass die Umfrage aus zwei Fragebögen besteht. Diese kann leider nur als komplett gewertet werden, wenn Sie auch beide Teile durchgeführt haben.

Alles was Sie mir mitteilen, bleibt anonym und vertraulich und wird von mir am Ende nur in Form einer Statistik ausgewertet.

Ich danke Ihnen für Ihre Unterstützung!

1. Wie häufig benutzen Sie pro Woche das Internet?

- jeden Tag
- nicht täglich, aber fast jeden Tag
- ein paar Mal in der Woche
- einmal in der Woche
- weniger als einmal in der Woche

2. Wie lange nutzen Sie das Internet, wenn Sie online sind?

- mehr als 4 Stunden
- zwischen 3 bis 4 Stunden
- zwischen 2 bis 3 Stunden
- zwischen 1 bis 2 Stunden
- weniger als eine Stunde

3. Wie oft nutzen Sie Social Media Plattformen? (z. B. Soziale Netzwerke, Blogs, Foren etc.)?

- jeden Tag
- ein paar Mal in der Woche
- einmal in der Woche
- weniger als einmal in der Woche
- nie

4. Welche der folgenden Social Media Plattformen nutzen Sie? Bitte kreuzen Sie jede Plattform an, die zutrifft!

- Facebook
- Twitter
- YouTube
- Blogs
- Foren
- Social Bookmarking
- davon gar nichts, sondern _____
- Ich benutze keine Social Media Plattform

5. Würden Sie in sozialen Netzwerken eine Werbeanzeige anklicken?

- eher schon
- eher nicht
- kann ich nicht sagen

6. Finden Sie es gut, in sozialen Netzwerken über Angebote und Ereignisse von Unternehmen informiert zu werden?

- eher schon
- eher nicht
- kann ich nicht sagen

7. Würden Sie Unternehmen in sozialen Netzwerken, Blogs oder Foren weiterempfehlen?

- eher schon
- eher nicht
- kann ich nicht sagen

8. Haben Sie auf irgendeiner Homepage eines Unternehmens ein kostenloses „RSS-Feed" abonniert, um dadurch automatisch sofort über Neuigkeiten informiert zu werden?

- eher schon
- eher nicht
- kann ich nicht sagen

9. Haben Sie schon bzw. würden Sie gerne an Gewinnspielen von Unternehmen auf Facebook teilgenommen bzw. teilnehmen?

- eher schon
- eher nicht
- kann ich nicht sagen

Ausführliche Antworten Fragebogen I

Allgemeines Nutzungsverhalten unter den Kunden bezüglich Social Media

94 Befragte beantworteten den Fragebogen vollständig.
Sechs weitere Befragte hatten mit der Bearbeitung des Fragebogens begonnen, diesen jedoch unvollständig beantwortet.

Frage 1: Wie häufig benutzen Sie pro Woche das Internet?

B.1.1 Häufigkeit der Internetnutzung

Frage 2: Wie lange nutzen Sie das Internet, wenn Sie online sind?

B.1.2 Länge der Internetnutzung

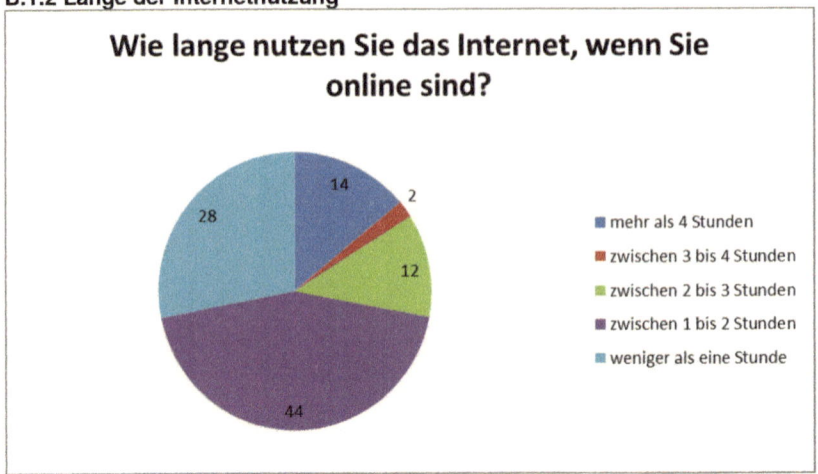

Frage 3: Wie oft nutzen Sie Social Media Plattformen? (z. B. Soziale Netzwerke, Blogs, Foren etc.)?

B.1.3 Häufigkeit der Nutzung von Social Media Plattformen

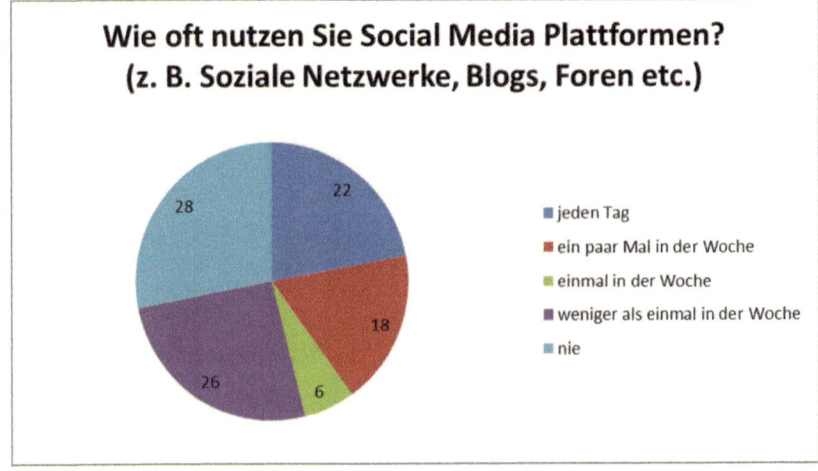

Frage 4: Welche der folgenden Social Media Plattformen nutzen Sie? Bitte kreuzen Sie jede Plattform an, die zutrifft!

B.1.4 Nutzung von Social Media Plattformen

Frage 5: Würden Sie in sozialen Netzwerken eine Werbeanzeige anklicken?

B.1.5 Werbeanzeige in sozialen Netzwerken

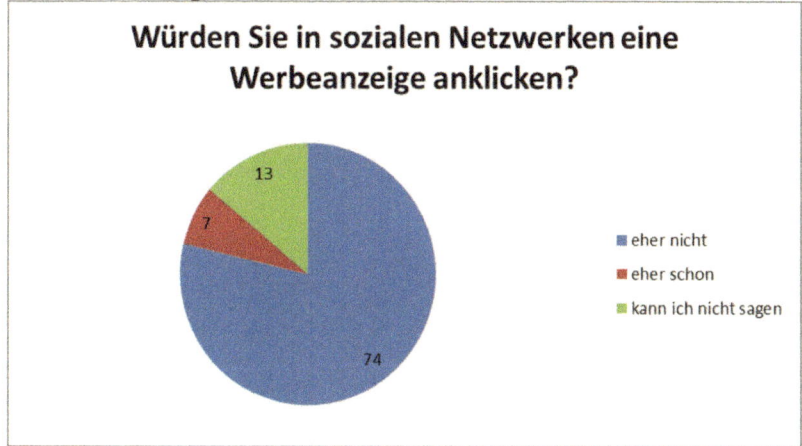

Frage 6: Finden Sie es gut, in sozialen Netzwerken über Angebote und Ereignisse von Unternehmen informiert zu werden?

B.1.6 Angebote von Unternehmen in sozialen Netzwerken

Frage 7: Würden Sie Unternehmen in sozialen Netzwerken, Blogs oder Foren weiterempfehlen?

B.1.7 Empfehlung von Unternehmen in Social Media

Frage 8: Haben Sie auf irgendeiner Homepage eines Unternehmens ein kostenloses „RSS-Feed" abonniert, um dadurch automatisch sofort über Neuigkeiten informiert zu werden?

B.1.8 RSS-Feed von Unternehmen abonnieren

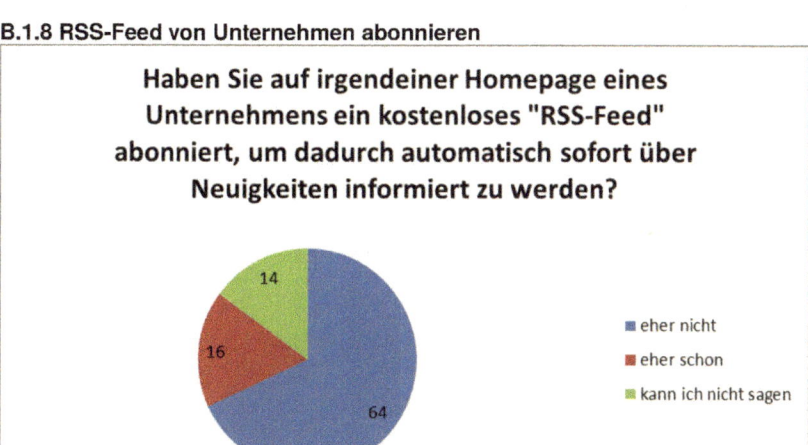

Frage 9: Haben Sie schon bzw. würden Sie gerne an Gewinnspielen von Unternehmen auf Facebook teilgenommen bzw. teilnehmen?

B.1.9 Gewinnspiele von Unternehmen auf Facebook

Haben Sie schon bzw. würden Sie gerne an Gewinnspielen von Unternehmen auf Facebook teilgenommen bzw. teilnehmen?

- eher nicht
- eher schon
- kann ich nicht sagen

10

4

80

B.2 Fragebogen II

Nutzungsverhalten bezüglich Social Media im Zusammenhang mit der HFS

10. Wie oft besuchen Sie die Internetseite der Holländischen Fußballschule?

- jeden Tag
- ein paar Mal in der Woche
- einmal in der Woche
- weniger als einmal in der Woche
- noch nie besucht

11. Wie lange surfen Sie ungefähr auf der Homepage der Holländischen Fußball-schule, wenn Sie diese besuchen?

- länger als 20 Minuten
- zwischen 10 bis 20 Minuten
- zwischen 2 bis 10 Minuten
- weniger als 2 Minuten
- noch nie besucht

12. Würden Sie Social Media Plattformen der Holländischen Fußballschule nutzen? (z. B. Facebook-Seite, Blogs, Foren etc.)?

- eher schon
- eher nicht
- kann ich nicht sagen

13. Würden Sie in sozialen Netzwerken eine Werbeanzeige der Holländischen Fuß-ballschule anklicken?

- eher schon
- eher nicht
- kann ich nicht sagen

14. Bevorzugen Sie es auch in sozialen Netzwerken über Angebote und Ereignisse der Holländischen Fußballschule informiert zu werden?

- eher schon
- eher nicht
- kann ich nicht sagen

15. Würden Sie die Holländische Fußballschule in sozialen Netzwerken, Blogs oder Foren weiterempfehlen?

- eher schon
- eher nicht
- kann ich nicht sagen

16. Würden Sie es gut finden, wenn Sie auf der Homepage der Holländischen Fußballschule ein kostenloses „RSS-Feed" abonnieren könnten, um somit keine Neuigkeiten und Ereignisse zu verpassen?

- eher schon
- eher nicht
- kann ich nicht sagen

17. Befürworten Sie es, wenn auf der offiziellen Facebook-Seite der Holländischen Fußballschule Gewinnspiele durchgeführt werden?

- eher schon
- eher nicht
- kann ich nicht sagen

18. Mit welchen der folgenden Social Media Plattformen würden Sie die Neuigkeiten der Holländische Fußballschule aktiv verfolgen? Bitte kreuzen Sie jede Plattform an, die zutrifft!

- Facebook
- Twitter
- YouTube
- Blogs
- Foren
- davon gar nichts, sondern _____
- Ich benutze keine Social Media Plattform

19. Kennen Sie schon die offizielle Facebook-Seite der Holländischen Fußballschule?

- ja
- nein

Ausführliche Antworten Fragebogen II

Nutzungsverhalten bezüglich Social Media im Zusammenhang mit der HFS

96 Befragte beantworteten den Fragebogen vollständig.
Vier weitere Befragte hatten mit der Bearbeitung des Fragebogens begonnen, diesen jedoch unvollständig beantwortet.

Frage 10: Wie oft besuchen Sie die Internetseite der Holländischen Fußballschule?

B.2.1 Aktivität auf der Internetseite der HFS

Frage 11: Wie lange surfen Sie ungefähr auf der Homepage der Holländischen Fußballschule, wenn Sie diese besuchen?

B.2.2 Länge der Aktivitäten auf der HFS-Homepage

Frage 12: Würden Sie Social Media Plattformen der Holländischen Fußballschule
nutzen? (z.B. Facebook-Seite, Blogs, Foren etc.)?

B.2.3 Nutzung von Social Media Plattformen der HFS

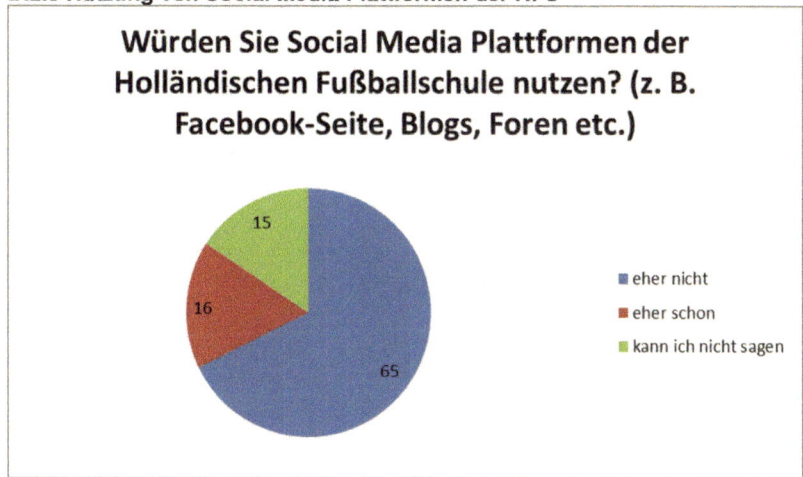

Frage 13: Würden Sie in sozialen Netzwerken eine Werbeanzeige der Holländischen Fußballschule anklicken?

B.2.4 Werbeanzeige der HFS

Frage 14: Bevorzugen Sie es auch in sozialen Netzwerken über Angebote und Ereignisse der Holländischen Fußballschule informiert zu werden?

B.2.5 Informationsbeschaffung über die HFS in sozialen Netzwerken

Frage 15: Würden Sie die Holländische Fußballschule in sozialen Netzwerken, Blogs oder Foren weiterempfehlen?

B.2.6 Empfehlung für die HFS

Frage 16: Würden Sie es gut finden, wenn Sie auf der Homepage der Holländischen Fußballschule ein kostenloses „RSS-Feed" abonnieren könnten, um somit keine Neuigkeiten und Ereignisse zu verpassen?

B.2.7 „RSS-Feed" der HFS

Frage 17: Befürworten Sie es, wenn auf der offiziellen Facebook-Seite der Holländischen Fußballschule Gewinnspiele durchgeführt werden?

B.2.8 Gewinnspiele der HFS auf Facebook

Frage 18: Mit welchen der folgenden Social Media Plattformen würden Sie die Neuigkeiten der Holländische Fußballschule aktiv verfolgen? Bitte kreuzen Sie jede Plattform an, die zutrifft!

B.2.9 Nutzung von Social Media Plattformen bezüglich Informationsbeschaffung von der HFS

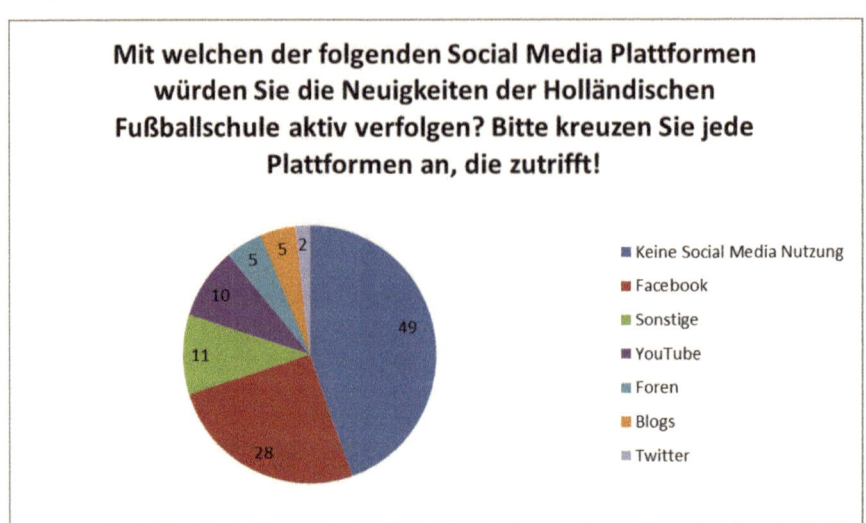

Frage 19: Kennen Sie schon die offizielle Facebook-Seite der Holländischen Fußballschule?

B.2.10 „offizielle Facebook-Seite" der HFS